Joachim Lehmann

Wie gründe ich einen Verein

Eine praxisorientierte Anleitung zur Vereinsgründung

Praxis - Gesellschaft für Weiterbildung im Vereins- und Kommunalrecht mbH

Wie gründe ich einen Verein
2. Auflage 2005
ISBN:3-9808778-0-9
Im Verlag der
Praxis - Gesellschaft für Weiterbildung
im Vereins- und Kommunalrecht mbH
Fasanenweg 1
34560 Fritzlar
Tel: 05622-994920
Fax: 05622-994944
E-Mail: praxisgmbh@t-online.de
www.Marktplatz-Verein.de
www.Vereinsbuchladen.de

Praxis - Gesellschaft für Weiterbildung
im Vereins- und Kommunalrecht mbH

Informationen per

Tel.: 05622-994920
Fax: 05622-994944
mail: praxisgmbh@t-online.de

oder

http://www.Marktplatz-Verein.de
http://www.Vereinsbuchladen.de

Bisher in dieser Reihe erschienen:

Praxis-Heft 01 Die Kassenprüfung im Verein (nur über Internet)

Praxis-Heft 02 Der ehrenamtliche Vereinsvorstand ISBN 3-9808778-1-7

Praxis-Heft 03 Wie gründe ich einen Verein 2. Aufl. ISBN 3-9808778-5-X

Praxis-Heft 04 Arbeitsheft für Vereinsvorstände ISBN 3-9808778-2-5

Praxis-Heft 05 Meine Rechte als Vereinsmitglied ISBN 3-9808778-3-3

Praxis-Heft 06 Die Mitgliederversammlung im Verein ISBN 3-9808778-4-1

1 Allgemeine Hinweise

1.1 Haftungsausschluss

Alle Fakten in diesem Heft wurden sorgfältig recherchiert und nach bestem Wissen wiedergegeben. Trotzdem können wir für die Richtigkeit keinerlei Haftung übernehmen. Wir bitten um Ihr Verständnis.

1.2 Zur Arbeit mit dieser Broschüre

Wir empfehlen, zur Vorbereitung auf die Vereinsgründung zunächst den gesamten Inhalt zu lesen. Sie können sich dann auf die für Sie wichtigen Punkte konzentrieren. Es zeigt sich immer wieder, dass man gut vorbereitet in die Gründungsversammlung gehen sollte. Die Gründungsmitglieder kennen viele Themen aus anderen Vereinen und werden dazu Fragen stellen, auch wenn diese für die aktuelle Vereinsgründung gar nicht relevant sind. Es ist beruhigend, wenn man dann auch diese Fragen sicher beantworten kann.

1.3 Internet

Beachten Sie auch unsere Internetseite

http://www.Marktplatz-Verein.de.

Zum einen werden Gesetzesänderungen oder neue Ausführungsvorschriften veröffentlicht, zum anderen können sie in dem dort geführten Vereinsforum ergänzende Fragen stellen. Weisen Sie bei Fragestellung bitte auf diese Broschüre hin.

1.4 Beratung

Wenn Sie es vorziehen, bei Ihrer Vereinsgründung persönlich fachlich begleitet zu werden, beachten Sie bitte unser Angebot unter der obigen Internetadresse sowie unter http://www.vereinsbuchladen.de.

1.5 Kosten

Zur Gründung eines eingetragenen Vereins ist kaum Kapital nötig; geringe Kosten fallen an durch die notwendige Beglaubigung des Notars (Kosten ca. 20,– €) und durch die Eintragung in das Vereinsregister (Eintragungskosten 60,– € bei Vereinsvermögen bis 2.500 € plus Schreibauslagen und Veröffentlichungskosten). Diese Kosten ermäßigen sich, wenn der Verein gemeinnützig sein soll. Der Antrag auf Ermäßigung sollte gleichzeitig mit dem Antrag auf Eintragung ins Vereinsregister gestellt werden.

2 Wie gründe ich einen Verein

2.1 Den Mut nicht verlieren

Die Notwendigkeit, einen Verein zu gründen, sehen viele Gruppierungen, die bisher als loser Zusammenschluss gemeinsame Ziele verfolgen. Die Gründung eines Vereins erscheint deshalb als logischer Schritt, weil sie in idealer Weise die Möglichkeit gibt, sich dauerhaft und für alle verbindlich zu organisieren. Die Ratschläge, die einem solchen Entschluss folgen, variieren zwischen "völlig problemlos" bis zu "kompliziert und zu teuer".

Wir wollen mit diesem Heft zeigen, dass wie so oft die Wahrheit wahrscheinlich in der Mitte liegt. Es ist falsch, den Aufwand einer Vereinsgründung zu unterschätzen, es ist aber genauso falsch, nicht zu überwindende Probleme herbeizureden.

Dabei geht es nicht nur um die Einhaltung formaler Vorschriften, die sind durchaus auch wichtig. Vielmehr geben wir Ihnen zunächst einen Überblick über die Faktoren, die die Gestaltung Ihrer Satzung in zivilrechtlicher, steuerrechtlicher oder organisatorischer Hinsicht wesentlich beeinflussen können.

2.2 Was ist ein Verein

Der Verein ist ein auf eine gewisse Dauer angelegter körperschaftlich organisierter Zusammenschluss einer Anzahl von Personen, die ein gemeinschaftliches Ziel, den in der Satzung festgelegten Vereinszweck, verfolgen.

Die Gründer des Vereins müssen den Willen haben, künftig als eine Einheit auftreten zu wollen unter einem Vereinsnamen, vertreten durch einen Vorstand.

Der Wille des Vereins wird durch Beschlussfassung der Mehrheit der Mitgliederversammlung gebildet. Zum Wesen des Vereins gehört auch, dass ein Wechsel in der Mitgliederschaft stattfinden kann.

2.3 Die Aufgaben eines Vereins

Mitgliederorientierte Vereine	Gemeinsame Aktivitäten zur Befriedigung der Bedürfnis der Mitglieder	Sportvereine, Gesangvereine, Freizeitvereine, Pfadfinder, Jugendclubs
Wertorientierte Vereine	Aktivitäten zur Durchsetzung als richtig erkannter Wertvorstellungen	Bürgerinitiativen, Umwelt- und Naturschutzvereine
Aufgabenorientierte Vereine	Aktivitäten zur Erfüllung von Aufgaben zugunsten der Allgemeinheit	Hilfsorganisationen, Feuerwehren, Rotes Kreuz, Caritas

2.4 Einordnen

Sie und Ihre Freunde, mit denen Sie einen Verein gründen wollen, Sie wissen, welche Aufgaben ihr Verein in Zukunft erfüllen soll. Aber, aus der je nach Verein unterschiedlichen Aufgabenstellung heraus ergibt sich eine jeweils andere Vereinsstruktur, die wir hier einmal aufzeigen wollen.

Die Einordnung kann Ihnen bei der Formulierung der Satzung sicher helfen. Wir unterscheiden nach der Aufgabenstellung drei Gruppen von Vereinen:

- Mitgliederorientierte Vereine
- Wertorientierte Vereine
- Aufgabenorientierte Vereine.

2.4.1 Aufgabenorientierte Vereine

Aufgabenorientierte Vereine sind in der Regel Hilfsorganisationen, Feuerwehren, das Rote Kreuz oder die Caritas. Diese Vereine entwickeln Aktivitäten zur Erfüllung von Aufgaben zu Gunsten der Allgemeinheit.

Außer der Genugtuung, etwas Gutes getan zu haben, haben ihre Mitglieder weder einen indirekten noch einen direkten persönlichen Nutzen aus Ihrer Arbeit.

Von daher genießen diese Vereine ein besonders hohes Ansehen in der Öffentlichkeit. Diese Vereine finanzieren sich in der Regel über Zuschüsse oder über Spenden.

2.4.2 Wertorientierte Vereine

Die Durchsetzung der von Ihnen als richtig angesehenen Wertvorstellungen ist das Ziel der wertorientierten Vereine. Bürgerinitiativen, Umwelt - und Naturschutzvereine kann man dieser Gruppe in erster Linie zuordnen. Die Mitglieder haben aus ihrer Mitgliedschaft den indirekten Nutzen, dass ihre Wertvorstellungen in die Öffentlichkeit getragen und manchmal auch umgesetzt werden.

Diese Vereine finanzieren sich über spendenähnliche Mitgliedsbeiträge, Spenden und, so weit die Ziele sich mit denen der Öffentlichkeit decken, auch über Zuschüsse.

2.4.3 Mitgliederorientierte Vereine

In den mitgliederorientierten Vereinen bekommen die Mitglieder einen direkten Nutzen aus Ihrer Mitgliedschaft. Der Sportverein stellt seinen Sportlern die Sportanlagen und die Sportgeräte zur Verfügung ebenso wie einen Übungsleiter. Diese Vereine finanzieren sich in erster Linie aus Beiträgen.

3 Welche Rechtsform

3.1 Die BGB-Gesellschaft

Wenn Sie bereits jetzt als Zusammenschluss mehrerer Personen z.B. ein historisches Bauwerk unterhalten haben, dann waren Sie, vielleicht ohne das es alle Beteiligten bemerkt haben, eine BGB-Gesellschaft nach §§ 705 ff BGB. Das bedeutet, dass Sie keinen wechselnden Mitgliederbestand hatten und alle Entscheidungen gemeinsam getroffen werden mussten. Verlässt ein Gesellschafter die BGB-Gesellschaft, hat sich diese aufgelöst.

3.2 Der nicht eingetragene Verein

Der nicht eingetragene Verein hat einige Gemeinsamkeiten mit der BGB-Gesellschaft, er kann nach neuer Rechtsprechung Träger von Rechten und Pflichten sein.

Anders als die BGB-Gesellschaft hat der nicht eingetragene Verein eine Satzung, Organe wie Mitgliederversammlung und Vorstand und er hat einen wechselnden Mitgliederbestand, das heißt, Mitglieder können austreten und eintreten ohne das der Verein sich auflöst. Und die Mitglieder haften nach der Rechtsprechung nicht mit ihrem Privatvermögen für die Verbindlichkeiten des Vereins.

Allerdings, und das ist ein gravierender Nachteil des nicht eingetragenen Vereins gegenüber dem eingetragenen Verein: Der Vorstand haftet für jedes Rechtsgeschäft, das er für den Verein tätigt, bis zur seiner Erfüllung persönlich. Der Vorteil des n.e.V. ist, dass Sie zur

Vereinsgründung nur 2 Personen benötigen statt 7 bei einem eingetragenen Verein.

3.3 Der eingetragene Verein

Der e.V. ist eine sog. juristische Person. Wie jede natürliche Person ist er damit rechtlich selbstständig und kann Träger von Rechten und Pflichten sein.

Der eingetragene Verein ist parteifähig, er kann klagen und ebenso verklagt werden. Er kann sogar Prozesskostenhilfe in Anspruch nehmen, wenn die sonstigen Voraussetzungen erfüllt sind. Nach der neuesten Rechtsprechung gilt diese Eigenschaft aber auch für den nicht eingetragenen Verein. Der Verein hat das Recht, nach Paragraph 12 BGB den Schutz seines Namens zu beanspruchen.

Der Verein kann eigenes Vermögen erwerben. Im Grundbuch wird der eingetragene Verein als Eigentümer eingetragen, nicht wie beim nicht eingetragenen Vereinen die einzelnen Mitglieder.

Über das Vermögen des eingetragenen Vereins kann bei Vorliegen der entsprechenden Voraussetzungen das Insolvenzverfahren eröffnet werden.

Für die Vereinsschulden haftet grundsätzlich nur das Vereinsvermögen. Weder die Mitglieder noch der Vorstand können mit ihrem Privatvermögen in Anspruch genommen werden. Für den Vorstand gilt das auch bei Rechtsgeschäften, die er für den Verein abschließt.

Zur Gründung des eingetragenen Vereins sind mindestens sieben Personen erforderlich.

4 Welche Organisationsform ist die richtige

Schon bei der Gründung des Vereins werden Sie überlegen, welche Organisationsform Ihr Verein später haben soll. Möglich wäre, den Verein zu organisieren als:

- Verband
- Mehrgliedriger Verein (Spartenverein)

- Eingliedriger Verein
- Förderverein.

4.1 Der Verband

Der Verband ist rechtlich ebenfalls ein Verein. Die Organisation als Verband bedeutet in der Regel, dass die Mitglieder des Vereins selbst Vereine oder Organisationen sind. Festzulegen wäre, inwieweit die Willensbildung sich ausschließlich von unten nach oben vollzieht oder ob es ein zumindest teilweises Weisungsrecht des Verbandes gegenüber seinen Mitgliedsorganisationen gibt (z.B. Vorgabe einer Mustersatzung, Vorgabe des Beitrages). Ebenso wichtig ist festzuhalten, wie sich die Mitgliederversammlung zusammensetzt. Üblich ist eine Delegiertenversammlung. Die Anzahl der Delegierten je Mitgliedsverein bestimmt sich in Abstufungen nach der Mitgliederzahl der angeschlossenen Vereine.

Da Verbände häufig hauptamtliche Geschäftsführer mit dem Tagesgeschäft beauftragen, ist großer Wert auf eine detaillierte Geschäftsverteilung sowie auf eine Geschäftsanweisung für Vorstand und Geschäftsführer zu legen.

4.2 Der mehrgliedrige Verein (Spartenverein)

Anders als beim Verband die Mitgliedsvereine sind bei einem Spartenverein die Sparten nicht rechtlich selbstständig. Bei größeren Vereinen würde dies eine starke Belastung des Vorstands des Gesamtvereins bedeutend. Darum wird angestrebt, den Sparten eine weitgehende organisatorischer Selbstständigkeit zu zugestehen, die allerdings nur durch entsprechende Kompetenzen und Vollmachten mit Leben erfüllt werden kann. Es empfiehlt sich, als weiteres Organ neben dem Vorstand den besonderen Vertreter in der Satzung festzuschreiben. Diese Funktion würde dann von den Leitern der Sparten ausgefüllt werden.

4.3 Der eingliedrige Verein

Auch bei dieser Organisationsform sollte schon bei der Gründung darüber nachgedacht werden, ob man an den Vorstand in seiner in Gesamtheit über alle Geschäfte beschließen lässt (damit ist er auch in seiner Gesamtheit verantwortlich), oder ob man schon in der Satzung eine Ressortverteilung festschreibt. Dies ermöglicht eine weitgehend selbstständige Führung des Ressorts (z.B. Ressort Schatzmeister) mit einer eigenständigen Verantwortung des jeweiligen Amtsinhabers gegenüber der Mitgliederversammlung.

4.4 Der Förderverein

Ein Förderverein verbraucht seine Mittel nicht für eigenständige Vereinszwecke, sondern unterstützt andere Vereine oder gemeinnütziger Organisationen bei der Verwirklichung ihres Vereinszwecks. Das Tagesgeschäft ist von daher der geringere Teil der Arbeit. Von Bedeutung ist hier auf der einen Seite das Einsammeln der Fördermittel und auf der anderen Seite die sinnvolle Verwendung dieser Mittel. Beide Faktoren sollten sich in der Besetzung der Vereinsorgane niederschlagen. Bewährt hat sich zum Beispiel, für diese Aufgaben außerhalb des Tagesgeschäfts neben dem Vorstand ein Kuratorium zu installieren.

5 Die Mitglieder des Vereins

Auch die Mitglieder des Vereins sollte man zunächst typisieren. abweichend von der üblichen Terminologie teilen wir die Vereinsmitglieder folgenden Gruppen zu:

- Aktive
- Förderer
- Nutzer.

5.1 Aktive Mitglieder

Die Aktiven, zu denen wir Sie als Initiator einer Vereinsgründung natürlich auch zählen, sind die wichtigste Gruppe für jeden Verein. Sie stellen dem Verein ihre geistige und körperliche Arbeitskraft unentgeltlich zur Verfügung. Zu ihnen gehört sowohl der Vereinsvorstand als auch der Helfer beim Vereinsfest, der den Gästen die Getränke verkauft.

5.2 Fördernde Mitglieder

Ebenso wichtig sind die Förderer eines Vereins. Wir zählen zu ihnen nicht nur diejenigen, die durch eine Geld - oder Sachspende den Verein finanziell unterstützen, sondern auch und gerade die häufig abwertend als passive Mitglieder bezeichnete Gruppe, die über Jahre hinweg aus Sympathie für den Verein den Beitrag bezahlt, ohne daraus einen persönlichen Nutzen zu erhalten.

5.3 Nutzer

Die Gruppe der Nutzer wird häufig, aus unserer Sicht fälschlicherweise, Aktive genannt. Sie ziehen aus ihrer Mitgliedschaft einen indirekten oder direkten persönlichen Nutzen. Sie können durch die Leistungen des Vereins weiter sich am geretteten Biotop erfreuen, ihren Sport betreiben, im Chor mitsingen oder das Freizeitangebot des Vereins genießen. Die Gruppe der Nutzer gibt es nur in den Wertorientierten bzw. den Mitgliederorientierten Vereinen.

5.4 Treue - und Förderpflichten von Vereinsmitgliedern

Die Treuepflicht gegenüber dem Verein verlangt, sich innerhalb und außerhalb des Vereins loyal zu verhalten und sich nicht gegen die Zwecke des Vereins zu wenden.

Ein Verstoß gegen die Treuepflicht wäre zum Beispiel, wenn das Mitglied einer Bürgerinitiative zur Erhaltung einer Streuobstwiese sich bei der Kommune um einen Bauplatz auf eben dieser Wiese bemühen würde.

Kein Verstoß gegen die Treuepflichten ist jedoch, wenn ein Mitglied, z.B. auf der Mitgliederversammlung, den Vorstand kritisiert.

Die Förderpflicht geht über die Treuepflicht noch hinaus. Sie bedeutet, dass jedes Vereinsmitglied gehalten ist, aktiv am Vereinsleben teilzunehmen, z.B. zumindest die Veranstaltungen des Vereins zu besuchen oder als ehrenamtlicher Helfer beim Roten Kreuz die Fortbildungsveranstaltungen zu nutzen.

Die Treue - und Förderpflichten der Vereinsmitglieder sind allgemeinverbindlich. Da jedoch nur wenige Vereinsmitglieder diese Pflichten kennen, sollte man sie ausdrücklich in die Satzung aufnehmen.

6 Anerkennung der Leistung = Gemeinnützigkeit

Der Staat anerkennt die Leistungen der Vereine für die Gemeinschaft, indem er diesen die Möglichkeit gibt, den Status eines gemeinnützigen Vereins zu erwerben.

6.1 Die Vorteile eines gemeinnützigen Vereins

Mit der Gemeinnützigkeit sind zahlreiche Steuervergünstigungen bei allen wichtigen Steuerarten verbunden:

- Steuerfreiheit bei der Körperschaft- und Gewerbesteuer (Ausnahme: Wirtschaftlicher Geschäftsbetrieb und/oder sportlicher Zweckbetrieb ab der Umsatzgrenze von 30678 €)

- Besteuerung eines Teils der Umsätze mit dem ermäßigten Steuersatz von 7 v. H. bei der Umsatzsteuer,
- Befreiung von der Grundsteuer und der Erbschaftsteuer,
- Steuerbefreiung von Lotterien und Ausspielungen, bei denen der Gesamtpreis der Lose einen festgesetzten Wert nicht übersteigt, von der Lotteriesteuer,
- Berechtigung zum Empfang von Spenden, die beim Geber steuerlich abziehbar sind und beim Verein steuerfrei bleiben,
- Zahlungen eines gemeinnützigen Vereins für bestimmte nebenberufliche Tätigkeiten gelten bis zur Höhe von 1848 € im Jahr beim Empfänger als steuerfreie Aufwandsentschädigung.

Die Steuervergünstigungen gelten grundsätzlich nur für

- die ideelle Tätigkeit des Vereins,
- die Vermögensverwaltung und
- die Zweckbetriebe.

Nicht jedoch für die wirtschaftlichen Geschäftsbetriebe des Vereins (außerhalb bestimmter Grenzen)

6.2 Es gibt auch Nachteile

Dass einige Vereine auf den Status eines gemeinnützigen Vereins verzichten, liegt an den Nachteilen, die den genannten Vorteilen gegenüberstehen. Der Verein wird in seiner Handlungsfreiheit nicht unerheblich eingeschränkt. Zu bedenken sind z.B. diese zu beachtenden Regelungen:

- Der Verein kann seine Mitgliederzahl nicht ohne weiteres begrenzen. Grundsätzlich muss jeder als Mitglied aufgenommen werden, der die Satzung anerkennt.
- Die Höhe der Mitgliedsbeiträge, der Aufnahmegebühren und der Umlagen ist begrenzt
- Es dürfen keine Erwerbszwecke, auch nicht der Mitglieder, gefördert werden.
- Die Verwendung der eingenommenen Mittel muss zeitnah erfolgen. Die Bildung von Rücklagen ist erschwert.
- Mitglieder dürfen keine Zuwendungen (d.h. ohne Gegenleistung) erhalten
- Dritte dürfen nicht unangemessen begünstigt werden
- Bei Auflösung des Vereins muss das Vereinsvermögen steuerbegünstigten Zwecken zugeführt werden

6.3 Abwägen

Sie sollten daher die Vor- und Nachteile eines gemeinnützigen Vereins genau abwägen. Kommen Sie zu dem Schluss, dass der von Ihnen zu gründende Verein ein gemeinnütziger sein soll, sollten Sie die Inhalte der steuerliche Mustersatzung in Ihre Satzung aufnehmen und diese vor Verabschiedung möglichst mit dem zuständigen Mitarbeiter des Finanzamtes durchsprechen.

6.4 Der gemeinnützige Vereinszweck

Das Gemeinnützigkeitsrecht ist in der Abgabenordnung geregelt. Danach können rechtsfähige (ins Vereinsregister eingetragene) und nicht rechtsfähige Vereine – inzwischen spricht man besser von nicht eingetragenen Vereinen - als gemeinnützig anerkannt werden, wenn sie nach Ihrer Satzung und ihrer tatsächlichen Geschäftsführung

- selbstlos,
- ausschließlich und
- unmittelbar die

Allgemeinheit fördern.

Es kann dabei nur der Gesamtverein anerkannt werden, nicht seine einzelnen Abteilungen, auch wenn diese rechtlich selbständig sind.

6.5 Voraussetzungen

6.5.1 Gemeinnütziger Vereinszweck

Erste Voraussetzung für die Gemeinnützigkeit ist, dass der Verein einen gemeinnützigen Zweck fördert. Diese werden in § 52Abs.2 der Abgabenordnung aufgezählt. (Siehe Anlage) Hier sollen einige wenige beispielhaft genannt werden: Die Förderung von

Kunst und Kultur; Umwelt, Landschafts- und Denkmalschutz; öffentlichem Gesundheitswesen; Sport; Tier- und Pflanzenzucht; Brauchtum einschließlich Karneval.

Des Weiteren muss die Satzung den steuerrechtlichen Vorschriften entsprechen. Die Inhalte der Steuermustersatzung müssen zumindest sinngemäß übernommen werden (Wo es geht empfehlen wir die wörtliche Übernahme).

6.5.2 Zugunsten der Allgemeinheit

Die Tätigkeit des Vereins muss der Allgemeinheit zugute kommen, das heißt, der Kreis der Mitglieder darf nicht durch die Begrenzung auf die Mitglieder einer Familie oder eines Betriebes oder durch zu hohe Mitgliedsbeiträge gewollt klein gehalten werden.

Die Finanzbehörden halten Mitgliedsbeiträge und Umlagen von durchschnittlich 1023 € pro Jahr und Person und Aufnahmegebühren von 1534 € pro Person für vertretbar. Außerdem darf der Verein eine Investitionsumlage von höchstens 5113 € pro Mitglied in 10 Jahren erheben, wenn diese wg. konkreter Maßnahmen erhoben wird und das Mitglied das Recht hat, diese auf 10 Jahre zu verteilen. Dies sind die Durchschnittsbeträge pro Mitglied.

Zu den gemeinnützigen Zwecken im weiteren Sinne gehören auch die mildtätigen und kirchlichen Zwecke.

Der gemeinnützige Verein muss seine steuerbegünstigten Zwecke selbstlos, ausschließlich und unmittelbar fördern.

6.5.3 Selbstlosigkeit

Selbstlosigkeit liegt vor, wenn der Verein nicht in erster Linie eigenwirtschaftliche Zwecke - z. B. gewerbliche Zwecke oder sonstige Erwerbszwecke - fördert. Dies bezieht sich nicht nur auf die eigene wirtschaftliche Tätigkeit des Vereins, sondern auch auf die Erwerbstätigkeit seiner Mitglieder. Außerdem darf der Verein seine Mittel nur für die satzungsmäßigen Zwecke verwenden; dies muss grundsätzlich auch zeitnah geschehen, dabei ist zu beachten:

6.6 Auflagen

6.6.1 Rücklagen

Rücklagen können gebildet werden:

- Zweckgebundene Rücklagen für geplante Investitionen - Es sollten jedoch realistische Vorstellungen über Höhe und Zeitpunkt der Maßnahme vorhanden sein
- Betriebsmittelrücklagen z.B. für Löhne und Mieten
- Freie Rücklagen - der Verein darf dieser Rücklage zuführen:
    - Ein Drittel der Überschüsse aus der Vermögensverwaltung

- Ein Zehntel der Überschüsse je aus ideellem Bereich, Zweckbetrieb und wirtschaftlichem Geschäftsbetrieb

6.6.2 Keine Zuwendungen an Mitglieder oder Dritte

Sie müssen als gemeinnütziger Verein beachten:

- Keine Zuwendungen an Mitglieder gewähren (unschädlich sind aber Annehmlichkeiten, wie sie im Rahmen der Betreuung von Mitgliedern allgemein üblich und nach der Verkehrsauffassung als angemessen anzusehen sind - als Richtwert gelten 40,-- € pro Mitglied und Jahr; aus Anlass persönlicher Ehrentage zusätzlich bis zu 40,-- € pro Person. Dabei ist die Beitragsstruktur des Vereins zu beachten) sowie teilweise Förderung des bezahlten Sports
- Keine Person durch Ausgaben, die seinem Zweck fremd sind, oder durch unverhältnismäßig hohe Vergütungen begünstigen

6.6.3 Keine Unterstützung politischer Parteien

Politische Parteien dürfen von gemeinnützigen Vereinen nicht materiell unterstützt werden.

6.6.4 Zweckbindung des Vereinsvermögens

Das Vereinsvermögen bei seiner Auflösung oder Aufhebung oder bei Wegfall seines bisherigen Zwecks nur für steuerbegünstigte Zwecke verwenden.

6.6.5 Ausschließlichkeit

Ausschließlichkeit liegt vor, wenn der Verein nur seine steuerbegünstigten satzungsmäßigen Zwecke verfolgt.

6.6.6 Unmittelbarkeit

Unmittelbarkeit bedeutet, dass der Verein seine steuerbegünstigten satzungsmäßigen Zwecke selbst verwirklichen muss. Er kann sich nur unter bestimmten Voraussetzungen auch einer Hilfsperson bedienen. So können Fördervereine oder Spendensammelvereine ihre Mittel an andere Vereine weitergeben, die die steuerbegünstigten Zwecke verfolgen.

6.7 Tatsächliche Geschäftsführung

Die tatsächliche Geschäftsführung muss der Satzung entsprechen. Der Nachweis darüber ist durch ordnungsmäßige Aufzeichnungen über die Einnahmen und die Ausgaben zu führen (§ 63 Abs. 3 AO).

Im Übrigen sind Vereine schon nach dem Bürgerlichen Gesetzbuch verpflichtet, Rechenschaft über ihre Geschäftsführung abzulegen. Diese Verpflichtung, die auch für steuerliche Zwecke gilt, erfüllen sie, wenn sie die Einnahmen und Ausgaben vollständig aufzeichnen und geordnet zusammenstellen und die anfallenden Belege aufbewahren.

6.8 Haftung des Vorstands

Sollte der Vereinsvorstand durch seine nicht den genannten Bestimmungen entsprechende Geschäftsführung, z.B. durch Duldung zu hoher Kosten im geselligen Bereich, die Aberkennung der Gemeinnützigkeit fahrlässig oder vorsätzlich verschulden, ist er unter Umständen dem Verein schadenersatzpflichtig.

6.9 Anerkennung durch das Finanzamt

Ein besonderes Anerkennungsverfahren für die Gemeinnützigkeit gibt es nicht. Ob ein Verein gemeinnützig ist, entscheidet das Finanzamt im normalen Veranlagungsverfahren. Bei einem Verein, bei dem die Voraussetzungen der Steuervergünstigung noch nicht im Veranlagungsverfahren festgestellt worden sind (insbesondere bei neu gegründeten Vereinen), bescheinigt das zuständige Finanzamt auf Antrag, dass der Verein steuerlich erfasst ist und die Satzung alle Voraussetzungen für die Gemeinnützigkeit erfüllt

7 Steuerpflichten beim gemeinnützigen Verein

Die nachfolgende Übersicht zeigt die Steuerbereiche auf, in denen Ihr Verein steuerpflichtig werden kann. Im späteren aktiven Vereinsleben sollten Sie oder Ihr Schatzmeister weiterführende Literatur heranziehen oder einen Steuerberater befragen.

7.1 Körperschaftsteuer und Gewerbesteuer

7.1.1 Ideeller Bereich

Grundsätzlich jene Einnahmen, für die keine Gegenleistungen erbracht werden

- (Echte) Mitgliedsbeiträge, wenn diese satzungsgemäß beschlossen wurden.
- Umlagen, wenn diese Satzung die Erhebung von Umlagen zulässt und diese satzungsgemäß beschlossen wurden
- Sach- oder Geldspenden, wenn diese ohne direkte Gegenleistung erfolgen (Zuwendungen von Nutzungen oder [Arbeits-] Leistungen werden nicht als Spenden anerkannt)
- Zuschüsse

Einnahmen des ideellen Bereichs unterliegen nicht der Körperschaft- oder Gewerbesteuer. Bei einem nicht gemeinnützigen Verein gilt dies nur für die Mitgliedsbeiträge.

7.1.2 Vermögensverwaltung

- Kapitalerträge aus Einlagen bei Kreditinstituten, Wertpapieren - Den Zinsabschlag können Sie vermeiden, wenn Sie dem Kreditinstitut eine sog. NV2B Bescheinigung des Finanzamtes vorlegen.

- Einkünfte aus gelegentlicher oder fester Vermietung von Vereinseinrichtungen wie Clubräume, Sportplätze über eine längere Zeit.
- Entgeltzahlungen von Unternehmen, die Werbeflächen des Vereins (Bandenwerbung, Schaukästen, Vereinszeitungen) auf eigenes Risiko vermieten.
- Pachteinnahmen, z.B. für eine verpachtete Vereinsgaststätte

Einnahmen der Vermögensverwaltung unterliegen nicht der Körperschaftsteuer. Beim nicht gemeinnützigen Verein sind diese Einnahmen steuerpflichtig

7.1.3 Zweckbetrieb

7.1.4 Ausdrücklich anerkannte Zweckbetriebe.

Das sind wirtschaftliche Tätigkeiten, die auf das engste mit den gemeinnützigen Zielen des Vereins verbunden sind. Als steuerbegünstigte Zweckbetriebe sind zum Beispiel anerkannt:

Alten- und Pflegeheime, Kinder- Jugend- und Erziehungsheime, Werkstätten für Behinderte, genehmigte Lotterien mit gemeinnütziger Zielsetzung, wenn sie höchstens zweimal im Jahr stattfinden, u.a.m.

Kulturelle Veranstaltungen, z.B. Konzerte eines Gesangvereins, Ausstellungen eines Kunstvereins, unabhängig von der Höhe der Einnahmen aus Eintrittsgeldern oder Teilnehmergebühren.

7.1.5 Sportliche Veranstaltungen

Das sind Sportveranstaltungen, soweit an den Veranstaltungen keine bezahlten Sportler teilnehmen. Ein pauschaler Aufwendungsersatz von bis zu 358 € monatlich im Jahresschnitt ist jedoch möglich. Die bei der Veranstaltung erzielten Einnahmen aus Eintrittsgeldern, Startgeldern u.s.w., nicht jedoch aus z.B. aus Bewirtung, werden bis zur Höhe von 30678 € nicht besteuert. Wird die Grenze überschritten, wird der Überschuss versteuert

Die Einnahmen der Zweckbetriebe mit den Einschränkungen für Sportveranstaltungen werden nicht besteuert. Dies gilt nicht für nicht gemeinnützige Vereine.

7.1.6 Wirtschaftlicher Geschäftsbetrieb

Wenn der Verein in Teilbereichen eine auf die Erzielung von Einnahmen gerichtet Betätigung ausübt, liegt i.d.R. ein wirtschaftlicher Geschäftsbetrieb vor. Die wirtschaftliche Betätigung darf jedoch nicht zum Selbstzweck werden, hinter dem das gemeinnützige Ziel zurücktritt, andernfalls wird die Gemeinnützigkeit gefährdet. Die häufigsten Formen wirtschaftlicher Betätigung sind:

- Einnahmen einer selbstbetriebenen Vereinsgaststätte
- Werbeeinnahmen durch Banden-, Zeitschriften-, Schaukastenwerbung
- Sammlung und Verkauf von Altmaterial
- Einnahmen durch Bewirtung, Eintritt bei Veranstaltungen, intern oder mit Gästen
- Unechte Mitgliedsbeiträge, denen eine Leistung des Vereins gegenübersteht (z.B. Gutschein für eine kostenlose Bewirtung in der Vereinsgaststätte)

Der Einnahmen des wirtschaftlichen Geschäftsbetriebs werden nur besteuert, wenn diese 30678 € überschreiten, dann aber ab dem ersten Euro. Mehrere wirtschaftliche Geschäftsbetriebe sind als ein Geschäftsbetrieb zusammenzufassen. Diese Freigrenze können nicht gemeinnützige Vereine nicht in Anspruch nehmen.

7.2 Die Ermittlung der Steuerschuld

Werden die Besteuerungsgrenzen von je 30678 € bei dem wirtschaftlichen Geschäftsbetrieb und/oder den sportlichen Veranstaltungen überschritten, ist der Überschuss aus dem/den Bereichen, die die Besteuerungsgrenzen überschritten haben, durch Gegenüberstellung von Einnahmen und Ausgaben zu ermitteln und (abzüglich eines Freibetrages von 3835 €) mit dem Körperschaftsteuersatz zu versteuern.

Bei der Gewerbesteuer bildet der über den Freibetrag von 3835 € hinausgehende Gewerbeertrag die Grundlage für den einheitlichen Gewerbesteuermessbetrag, aus dem die örtlich zuständige Gemeinde die zu zahlende Gewerbesteuer ermittelt.

7.3 Umsatzsteuer

Wenn der gemeinnützige Verein Lieferungen und sonstige Leistungen gegen Entgelt ausführt, kann er Unternehmer im Sinne des Umsatzsteuerrechts und damit auch grundsätzlich zur Zahlung von Umsatzsteuer verpflichtet sein:

7.3.1 Ideeller Bereich

Kein Umsatz zu berücksichtigen

7.3.2 Vermögensverwaltung -

- Zinseinnahmen - nicht berücksichtigen
- U.U. Umsätze aus Pachteinnahmen zu berücksichtigen
- Zweckbetrieb und wirtschaftlicher Geschäftsbetrieb

7.3.3 Zweckbetrieb und Wirtschaftlicher Geschäftsbetrieb

- Bewirtungsleistungen in der Vereinsgaststätte
- Bewirtungsleitungen und Eintrittsgelder bei sportlichen oder geselligen Veranstaltungen
- Werbeeinnahmen
- Verkauf von gesammeltem Altmaterial
- Bei gemeinnützigen Vereinen kommen zum Teil Umsatzsteuerbefreiungen für wissenschaftliche oder belehrende Veranstaltungen oder im Rahmen der Jugendhilfe sowie für Umsätze im Bereich Zweckbetrieb in Be-

tracht, außerdem allgemein für die im UStG aufgeführten Gegenstände.

7.4 Umsatzsteuerzahlung

Der Verein muss für das laufende Jahr Umsatzsteuer abzuführen, wenn der umsatzsteuerpflichtige Umsatz im laufenden Jahr 16620 € übersteigt oder der Vorjahresumsatz höher war als 50000 €.

7.5 Lohnsteuer

Bei Zahlungen an Mitarbeiter des Vereins kann eine Verpflichtung zur Abführung von Lohnsteuer durch den Verein bestehen. Entgegen häufig anzutreffenden „Gerüchten“ hat der gemeinnützige Verein nur einen wichtigen Vorteil, nämlich dass er seinen Übungsleitern eine steuerfreie Aufwandspauschale von 1878 € pro Jahr und Person zahlen kann.

8 Hinweise zur Satzungsgestaltung

8.1 Allgemeiner Hinweis

Bei der Satzungsgestaltung gilt der Grundsatz, die Bestimmungen zwar einfach aber gründlich zu fassen. So sollten auch manchem als selbstverständlich erscheinende Regelungen trotzdem in die Satzung aufgenommen werden.

8.2 Grundsätzliches

Sie können Ihre Vereinsatzung später wieder ändern, müssen jedoch die von Satzung und Gesetz vorgegebenen Bestimmungen beachten. Beachten Sie bei der Aufstellung Ihrer Satzung, dass der Bundesgerichtshof festgelegt hat, das alle das Vereinsleben bestimmenden Grundentscheidungen in die Satzung aufzunehmen sind, und nicht in Vereinsordnungen neben der Satzung geregelt werden sollen. Verbindliche Vereinsordnungen müssen zumindest in der Satzung beschrieben werden.

Diese Regelung dient zum Schutz der Mitglieder, von denen man erwarten kann, dass sie die Satzung kennen, nicht jedoch, dass sie über sämtliche sonstigen Vereinsordnungen informiert sind. Sie fahren gut mit dem Grundsatz: Alles was die Vereinsmitglieder in irgendeiner Weise verpflichtet, gehört in die Satzung. Ausführungsbestimmungen können Sie jedoch neben der Satzung in Vereinsordnungen oder Geschäftsordnungen regeln.

Bei Aufbau oder Änderung einer Satzung sollten Sie folgende Gesetzte beachten: Das Bürgerliche Gesetzbuch, die Abgabenordnung (Steuerrecht) und das Kinder- und Jugendhilfegesetz. Bewährt hat es sich, mit dem Rechtspfleger des zuständigen Registergerichts sowie dem zuständigen Mitarbeiter des Finanzamtes den Satzungsentwurf vor Verabschiedung durch die Mitgliederversammlung abzustimmen.

8.3 Anforderungen des BGB

Nach §§21 ff. BGB muss die Vereinssatzung Bestimmungen enthalten über

- den Namen
- den Sitz
- den Zweck
- die Eintragung ins Vereinsregister
- die Form des Eintritts und Austritts der Mitglieder
- den Beitrag (Höhe und Festsetzendes Gremium)
- die Zusammensetzung des Vorstands
- die Voraussetzungen zur Einberufung der Mitgliederversammlung
- die Form der Einberufung der Mitgliederversammlung
- die Beurkundung der Versammlungsbeschlüsse

Es wird gefordert, dass es Regelungen gibt, Vorgaben, wie zu regeln ist, gibt es nicht. Sie sind in der Gestaltung der Satzung also sehr frei.

8.4 Der Zweck des Vereins

Der Zweck des Vereins muss in die Satzung aufgenommen werden. Streben sie die Gemeinnützigkeit an, sollten sie die Bestimmung der Abgabenordnung berücksichtigen. In jedem Fall darf der Zweck des Vereins nicht auf eine wirtschaftliche Betätigung ausgerichtet sein, da sie sonst keinen Idealverein sondern einen sog. wirtschaftlichen Verein gründen, der der staatlichen Genehmigung bedarf. Natürlich dürfen sie auch keine gesetzwidrige Zwecke in die Satzung aufnehmen.

Der Zweck des Vereins sollte eindeutig gewählt werden. Ob er aber besonders weit oder enger gefasst wird ist auch dadurch vorgegeben, dass der Verein in seinem Rechenschaftsbericht nachweisen muss, dass er den Vereinszweck, und zwar alle Vereinszwecke, auch erfüllt hat. Darum kann eine gewisse Beschränkung mitunter sinnvoll sein.

Zu beachten ist auch, dass der Vereinszweck nach dem Gesetz nur durch ein Votum aller Mitglieder (nicht nur der Anwesenden bei der Mitgliederversammlung) geändert werden kann. In diese sehr einengende Vorschrift können Sie jedoch in der Satzung weiter fassen (z.B. Zweidrittelmehrheit in der Mitgliederversammlung).

Wenn der Verein als gemeinnützig anerkannt werden soll, muss die vom Finanzministerium vorgegebene Mustersatzung, die Sie in diesem Heft finden, beachtet werden.

Bei Fördervereinen verlangen die Finanzämter einen sehr konkreten Verwendungszweck, also nicht allgemein " Förderung des Brauchtums " sondern konkret " Förderung des Heimatmuseums ".

8.5 Name des Vereins

In der Namensfindung sind sie in grundsätzlich frei, die Bezeichnung muss aber als Name verstanden werden und darf nicht missverständlich sein. Eine willkürliche Buchstaben- oder Ziffernfolge ist nicht möglich. Üblicherweise an wird der Vereinsname aus dem Vereinszweck abgeleitet; zum Beispiel „Sportverein Alt Hausen“ oder „Gesangverein Neuendorf“. Es sind jedoch auch Fantasienamen möglich.

Wie empfehlen, einen einprägsamen Namen zu wählen. Checken Sie vorher auch ab, ob eine Internet-Adresse für diesen Namen frei ist. Wir raten davon ab, die gesamte Funktion des Vereins in den Namen zu zwängen. Also nicht: Förderverein zur Erhaltung der historischen Turnhalle der Friedrich-Ebert-Schule e.V., sondern: Historische Turnhalle e.V..

So weit sie beim Namen des Vereins die Bezeichnung einer Gebietskörperschaft verwenden, fragen sie dort an, ob man dort Probleme damit hat. Dabei können sie gleich abklären, ob sie in das Wappen der Gebietskörperschaft in ihr Vereins Logo aufnehmen können.

Der Name darf nicht so gewählt werden, dass es zu Verwechslungen mit bestehenden Vereinen kommen kann oder dass eine Bezeichnung gewählt wird, die der wahren Betätigung des Vereins zuwiderläuft. So können Sie die Bezeichnung Stiftung nur wählen, wenn der Verein auch ein stiftungsähnliches Vermögen aufweist. Nur unter bestimmten Voraussetzungen möglich sind auch die Bezeichnungen Kammer, Akademie oder Institut.

8.6 Sitz des Vereins

Der Sitz des Vereins ist dort, wo die Verwaltung geführt wird und der Schwerpunkt der Vereinstätigkeit ist. Insbesondere wenn Sie überregional tätig sind, können Sie jedoch auch einen anderen Sitz wählen, der Verein muss dort jedoch postalisch erreichbar sein. Der Sitz muss in der Satzung bestimmt werden.

Möchten Sie einen Sitz wählen, der zum Beispiel zentral gelegen ist, an dem jedoch leider kein Vorstandsmitglied wohnt, können Sie einen Dritten bitten, seine postalische Adresse zur Verfügung zu stellen.

8.7 Erwerb der Mitgliedschaft

In der Satzung müssen sie beschreiben, wie man Mitglied in Ihrem Verein werden kann. Sie können den Erwerb der Mitgliedschaft zum Beispiel davon abhängig machen, dass ein bestimmtes Alter erreicht ist. Es empfiehlt sich, das gesamte Aufnahmeverfahren in der Satzung zu regeln.

Wenn sie die Aufnahme davon abhängig machen, dass der Vorstand dieser zustimmen muss, verhindern Sie, dass der Verein von ungebetenen Mitgliedern unterwandert werden kann. Wenn sie keine Regelung treffen, ist jeder Antragsteller mit Abgabe der Beitrittserklärung Mitglied. Sie können einem neuen Mitglied das Stimmrecht erst drei Monate nach Aufnahme zugestehen, um gezielte Aktionen vor einer kritischen Mitgliederversammlung zu verhindern.

Legen Sie fest, wer in Ihrem Verein Mitglied werden kann. Beachten Sie, dass sie als gemeinnütziger Verein grundsätzlich jeden aufnehmen müssen, es sei denn, dem stehen eindeutiger organisatorische Hemmnisse entgegen. Zum Beispiel die Platzkapazitäten bei einem Tennisverein. Andererseits kann jemand nicht aus einem Betriebssportverein ausgeschlossen werden, weil er nicht mehr in dem Betrieb arbeitet.

Festlegen können Sie jedoch, ob sie nur natürliche oder auch juristische Personen aufnehmen wollen. Regeln Sie auch, wann jemand Ehrenmitglied werden kann und ob damit Vergünstigungen verbunden sind. Ist dies nicht der Fall, schreiben Sie auch dies in die Satzung.

Festzuhalten wäre auch, ob für die Ausübung des Stimmrechtes in der Mitgliederversammlung eine gewisse Dauer der Mitgliedschaft erforderlich ist.

8.8 Austritt

Auch der Austritt aus dem Verein muss geregelt werden, dabei darf er nicht übermäßig erschwert werden. Eine Kündigungsfrist ist jedoch möglich. Die Zeit von der Kündigung bis zur Wirksamkeit des Austritts darf maximal zwei Jahre betragen. Um Missverständnisse zu vermeiden legen Sie fest, dass eine Austrittserklärung schriftlich erfolgen muss.

Nicht ändern können Sie die Regelungen der sog. passiven Vertretung. Das heißt, eine Austrittserklärung, die auch nur einem Vorstandsmitglied übergeben wurde, muss der Verein gegen sich gelten lassen.

8.9 Ausschluss

Ein Mitglied kann nur durch Beschluss der Mitgliederversammlung aus dem Verein ausgeschlossen werden, es sei denn, Sie regeln dies in der Satzung anders. Dabei muss dem Mitglied Gelegenheit zur Stellungnahme gegeben werden und der Tagesordnungspunkt ausreichend in der Einladung bezeichnet worden sein. Dies ist die gesetzliche Regelung.

Zur Klarstellung empfehlen wir, eine Regelung über den möglichen Ausschluss von Mitgliedern in die Satzung aufzunehmen. So kann bei einem Ausschluss aus wichtigem Grund (hier können dann Beispiele wie die ständige Verletzung der Vereinsordnung aufgeführt werden) die Mitgliederversammlung zuständig sein. Bei rückständigen Beiträgen von sechs Monaten z.B. kann die Kompetenz zum Ausschluss durchaus auch beim Vorstand liegen.

8.10 Beiträge

Zu den Beiträgen gehören alle mitgliedschaftlichen Pflichten. Dies können sein

- Geldbeiträge
- Sachleistungen
- Arbeitsdienste
- Aufnahmegebühren
- Umlagen
- Geldstrafen.

Sie brauchen die Höhe dieser Beiträge nicht in der Satzung festzuschreiben, sondern können darauf verweisen, dass diese in der Mitgliederversammlung festgesetzt werden. Wenn Sie die Gemeinnützigkeit anstreben, achten Sie darauf, dass die dort vorgeschriebenen Höchstbeträge nicht überschritten werden. In der er Satzung müssen diese Beitragsarten dem Grunde nach aufgeführt werden, wenn sie später erhoben werden sollen. Bei den Geldstrafen muss eine Grenze in der Satzung festgelegt werden (z.B. höchstens ein Jahresbeitrag).

8.11 Satzungsänderung

An eine Satzungsänderung sind nach dem Gesetz hohe Anforderungen gestellt. Für eine einfache Satzungsänderung brauchen sie eine so genannte Zweidrittelmehrheit, für die Änderung des Vereinszwecks sogar die Zustimmung aller Mitglieder. Damit ist die Änderung des Vereinszwecks im Nachhinein schon bei mittelgroßen Vereinen so gut wie unmöglich.

Wir empfehlen daher, sowohl für allgemeine Satzungsänderungen als auch für die Änderung des Vereinszwecks die erforderliche Mehrheit einheitlich festzuschreiben und dabei nicht über eine Zweidrittelmehrheit der anwesenden stimmberechtigten Mitglieder hinauszugehen.

8.12 Geschäftsjahr

Als Geschäftsjahr wird üblicherweise das Kalenderjahr gewählt. Es kann jedoch sinnvoll sein, das Geschäftsjahr zu einem anderen Termin beginnen zu lassen. Liegt in z.B. in der Saisonhöhepunkt in den Wintermonaten (Hallensportarten, Wintersport, Theateraufführungen) kann in der Beginn des Geschäftsjahres begründet auch auf den 1.4. oder 1. 7. eines Jahres gelegt werden. Auch wenn das Geschäftsjahr das Kalenderjahr sein soll, ist dies in der Satzung festzuhalten.

8.13 Vereins- oder Geschäftsordnungen

Eine Satzung sollte nur Bestimmungen regeln, die dauerhaft Bestand haben. Sie regelt die Grundordnung des Vereins und sein Verhältnis zu den Mitgliedern wie eine Verfassung, mit bindender Wirkung für alle.

Eine Vereins- oder Geschäftsordnung trifft Regelungen für das tägliche Vereinsleben. Jedes Vereinsorgan (z.B. der Vorstand, die Mitgliederversammlung oder ein Ausschuss) kann sich eine Geschäftsordnung geben, wenn die Satzung dies vorsieht. Darum sollte in der Satzung immer festgelegt werden, welche Ordnungen bestehen und wer diese beschließen, ändern und aufheben kann.

In der Vereinsordnung oder der Geschäftsordnung werden u.a. die verschiedenen Arbeitsbereiche des Vorstandes beschrieben und den verschiedenen Vorstandsmitgliedern zugeteilt (z.B. Kassenführung, Schriftführung u.ä.).

Als Beispiele lassen sich anführen:

- Sitzungsordnung, die den Ablauf der Mitgliederversammlung und/oder Vorstandssitzung beschreibt (Beispiel in diesem Heft),
- Wahlordnung, die das Wahlverfahren festlegt,
- Geschäftsordnung, die die Arbeitsbereiche der Vorstands- und der anderen ehrenamtlichen Mitglieder für die verschiedenen Sparten und Geschäftsbereiche festlegt,
- Finanzordnung, für die Kassenführung und Wirtschaftsplanung (Beispiel in diesem Heft),
- Wettkampfordnung, für den Sportbetrieb,
- Ehrungsordnung, legt fest, wer wann warum und durch wen geehrt wird.
- Beitragsordnung, die die verschiedenen Beitragsstufen festlegt oder
- Hausordnung zur Regelung des Verhaltens in vereinseigenen Anlagen und Gebäuden.

9 Satzungsregelungen für den Vorstand

9.1 Zwei Aufgabenbereiche

Die Aufgaben des Vereinsvorstands sind die gesetzliche Vertretung und die Geschäftsführung des Vereins. Die Geschäftsführungsaufgaben betreffen den internen Bereich des Vereins, die Vertretungsmacht wirkt nach außen. In beiden Bereichen gibt es Pflichtaufgaben, die sich aus Gesetz und Rechtsprechung, der Satzung, den steuerlich Vorschriften sowie der allgemeinen Verkehrsauffassung ergeben. Zu den für ein funktionierendes Vereinsleben nicht weniger wichtigen gehören die freiwillig übernommenen Aufgaben, wie die Durchführung einer gelungenen Mitgliedersammlung, ein ausreichendes Spendenaufkommen aber auch die angemessenen Repräsentation des Vereins.

9.2 Der Vorstand nach § 26 BGB

Der Vorstand nach § 26 BGB vertritt den Verein nach außen und innen. Er führt die Beschlüsse des Vorstands und der Mitgliederversammlung aus. In dieser Funktion hat er nur geringe Gestaltungsmöglichkeiten. Möglich ist dabei eine Einzelvollmacht oder eine Gesamtvollmacht. Bei der Einzelvollmacht ist jedes Vorstandsmitglied allein zur Vertretung des Vereins berechtigt. Die Gesamtvollmacht wird in der Regel so gestaltet, dass immer 2 Vorstandsmitglieder gemeinsam zur Vertretung berechtigt sind. Anzutreffen ist auch die Modifizierung, dass darunter immer der 1. oder 2. Vorsitzende sein müssen. Da der Vorstand nach § 26 BGB ins Vereinsregister eingetragen wird, können Geschäftspartner sich nur auf einen Vertrag berufen, wenn dieser von den beim Registergericht veröffentlichten Personen unterschrieben wurde.

9.3 Der Vorstand nach Satzung

In der Satzung kann der Vorstand aus mehr Personen bestehen als der, natürlich auch in der Satzung festgelegte, Vorstand nach § 26 BGB. Gerade bei großen Vereinen besteht der Vorstand mitunter aus mehr als 10 Personen. Die Bezeichnung ist unterschiedlich, man spricht häufig vom erweiterten Vorstand (siehe Anmerkungen unten) oder von Beisitzern.

9.4 Anzahl der Vorstandsmitglieder

In der Satzung ist die Anzahl der Vorstandsmitglieder festzulegen. Sie können dabei die Größe des Gremiums exakt bestimmen oder eine Mindest - und Höchstzahl festlegen. Zum Beispiel: Der Vorstand besteht aus mindestens vier und höchstens sechs Mitgliedern. Bei der Vereinsgründung müssen allerdings alle Vorstandspositionen, in diesem Falle sechs, besetzt sein. Treten später Vorstandsmitglieder zurück, müssen erst Nachwahlen stattfinden, wenn die Mindestzahl von vier Mitgliedern unterschritten wird.

Für den Fall, das die Mindestzahl der Vorstandsmitglieder unterschritten ist, sollten Sie Regelungen für eine Nachwahl in der Satzung festlegen. Nach dem Gesetz müssten Sie bei Unterschreitung der Mindestzahl die Mitgliederversammlung zu einer außerordentlichen Sitzung zwecks Nachwahl des Vorstandes einberufen. Dies kann einen erheblichen Aufwand bedeuten. Darum empfehlen wir, eine Ergänzungswahl durch den Vorstand selbst zuzulassen. Die mögliche Formulierung in der Satzung wäre: Wird die Mindestzahl der Vorstandsmitglieder unterschritten, ergänzt sich der Vorstand selbst bis zur nächsten Mitgliederversammlung.

Hier beispielhaft mögliche Formulierungen:

Der Vorstand besteht aus

- dem 1. Vorsitzenden,
- dem 2. Vorsitzenden,
- dem Schatzmeister,
- dem Schriftführer

in diesem Fall müssen mindestens vier Vorstände vorhanden sein, damit der Vorstand rechtswirksam Beschlüsse fassen kann. Die Aufgabenverteilung kann innerhalb des Vorstands erfolgen, wenn auch z.B. die Buchführung dem Schatzmeister vorbehalten ist.

Der Vorstand besteht aus

- Dem 1. Vorsitzenden,
- dem 2. Vorsitzenden,
- dem Schatzmeister,
- dem Schriftführer

mit jeweils kurzer Aufgabenbeschreibung. Alle Vorstandsämter müssen besetzt sein, wenn rechtswirksam Beschlüsse gefasst werden sollen. Es gilt die so genannte Ressortverantwortlichkeit (s.o.)

Der Vorstand besteht aus mindestens vier, höchstens sechs Personen.

- Der Vorstand regelt die Zuständigkeiten in einer der Mitgliederversammlung zur Kenntnis zu gebenden Geschäftsordnung.
- Es muss nur die Mindestzahl der Vorstände vorhanden sein.

Der Vorstand besteht aus sechs Personen. Sind nicht alle Positionen besetzt, übernehmen die verbliebenen Vorstandsmitglieder bis zur nächsten Mitgliederversammlung die Aufgaben der ausgeschiedenen Mitglieder kommissarisch.

- Der Vorstand kann bis auf eine Person reduziert werden, wenn einer allein zur Vertretung des Vereins berechtigt ist.

9.5 Wer kann es werden

Sie sollten festlegen, welche Voraussetzungen erforderlich sind, um ein Vorstandsamt ausüben. Ohne Bestimmung in der Satzung können auch minderjährige Personen oder Nichtmitglieder in den Vorstand ihres Vereins gewählt werden. Auch ausländische Staatsbürger können nach dem Gesetz Vereinsvorstand werden, auch wenn sie Ihren Wohnsitz im Ausland haben.

Wenn Sie den Kreis der möglichen Vorstandsmitglieder eingrenzen wollen, legen sie in der Satzung zum Beispiel fest, dass zur Ausübung eines Vorstandsamtes ein Kandidat mindestens 21 Jahre alt sein muss. Natürlich können Sie das Mindestalter auch auf 16 Jahre festlegen. Sollen nur Mitglieder in den Vorstand ihres Vereins gewählt werden können, müssen sie dies ebenfalls in der Satzung vermerken.

Möglich ist auch, per Satzung die Wählbarkeit zum Vereinsvorstand an persönliche Voraussetzungen zu binden, wie Alter, Zugehörigkeit zu einer Berufsgruppe, Dauer der Vereinszugehörigkeit.

Der Vorstand eines Fördervereins kann nicht identisch sein mit dem Vorstand eines zu fördernden Vereins, sonst gibt es u.U. Probleme mit dem Finanzamt, das dann beide Vereine als Einheit betrachtet und die steuerlichen Vorteile eines gemeinnützigen Vereins hinsichtlich der steuerlichen Freibeträge nur einmal zuerkennt.

9.6 Wahlverfahren

Zunächst sollte festgelegt werden, wer die Wahlen leitet. Dies sollte immer dann nicht der erste Vorsitzende sein, wenn er selbst zur Wahl steht. Sie können bestimmen, dass die Versammlung sich einen Wahlleiter wählt oder es wird dieses Amt von vornherein dem jeweils ältesten Teilnehmer übertragen. Dies dann jedoch unpraktikabel, wenn Ermittlung dieser Person länger dauert, als das gesamte Wahlverfahren.

9.7 Form der Abstimmung

In ihrer Satzung sollten auch klare Regelungen enthalten sein, in welcher Form abgestimmt werden soll. Möglich ist die offene Abstimmung durch Handaufheben oder die geheime Wahl mit Stimmzetteln. Festzulegen ist auch, ob sie die sog. Blockwahl ermöglichen wollen. Dies bedeutet, dass der Vorstand als Einheit (wieder-)gewählt wird.

9.8 Die Bestellung

Ein neuer Vorstand ist dann bestellt, wenn er gewählt wurde und er die Wahl angenommen hat. Die Annahme kann ersetzt werden durch die vorher schriftlich erklärte Bereitschaft, eine eventuelle Wahl anzunehmen. Dieses „formalistische“ Vorgehen soll verhindern, dass der Verein nach Wahl aber mit fehlender Annahme der Wahl ohne Vorstand dasteht. Vermerken Sie auch diese Regelung in der Satzung.

9.9 Die Amtsdauer des Vorstands

Die Amtsdauer des Vorstands wird in der Satzung festgeschrieben. Ist sie abgelaufen, dann ist das Amt des Vorstands auf jeden Fall beendet, auch wenn die Mitgliederversammlung noch keinen neuen Vorstand gewählt hat. Deshalb ist zu empfehlen, rechtzeitig vor Ablauf der Amtszeit Neuwahlen abzuhalten.

Mit der Wahl und Annahme des neuen Vorstands endet die Amtsperiode des bisherigen Vorstands, es sei denn, in der Satzung wird eine andere Regelung festgelegt. Deutlicher wird dies mit der Satzungsformulierung „Mit der turnusmäßigen Neuwahl des Vorstands endet die Amtszeit des bisherigen Vorstands“.

Mit der Formulierung "Der Vorstand bleibt bis zur satzungsmäßigen Bestellung eines neuen im Amt", kann verhindert werden, dass der Verein handlungsunfähig wird, auch wenn man mit der Mitgliederversammlung über den festgesetzten Termin hinausgeht..

9.10 Ressortverteilung – Direkte Verantwortung

Immer dann, wenn die Aufgaben des Vereins komplexer werden, wenn steuerrechtliche oder personalrechtlich Fragen eine Rolle spielen oder größere Vermögen z.B. Clubheim mit Gastronomie, Tennishalle, zu verwalten sind, bietet sich schon aus Gründen der Effizienz der Vorstandsarbeit eine echte Ressortaufteilung an.

Rechtlich wird eine solche Ressortaufteilung nur anerkannt, wenn folgende Voraussetzungen erfüllt sind:

- Die Ressortaufteilung wird in der Satzung festgelegt oder die Satzung ermächtigt den Vorstand, eine Ressortaufteilung vorzunehmen.
- Es erfolgt eine genaue Aufgabenverteilung, die eine klare Abgrenzung der einzelnen Ressorts ermöglicht.
- Der Ressortleiter erhält ausreichende Kompetenzen, um die üblichen Entscheidungen in seinem Ressort allein treffen zu können, ohne dass ein zusätzlicher Vorstandsbeschluss erforderlich ist.
- Der Ressortleiter hat die persönliche und fachliche Eignung für sein Ressort. Die persönliche Eignung erklärt sich von selbst, die fachliche Eignung bedeutet, dass der Ressortleiter die notwendigen fachlichen Kenntnisse für sein Ressort haben muss oder in der Lage sein muss, diese sich anzueignen.

Das Vorstandsmitglied ist damit direkt der Mitgliederversammlung verantwortlich. Die Gesamtverantwortung des Vorstands beschränkt sich auf den Fall, dass ein Vorstandsmitglied erkennbar sein Amt nicht verantwortungsvoll ausfüllt oder der Aufgabe nicht gewachsen ist. Dann ist der Gesamtvorstand verpflichtet, etwa durch Weitergabe seiner Bedenken an die Mitgliederversammlung, Stellung zu beziehen.

9.11 Geschäftsführung des Vorstands

Alle Handlungen als Vereinsvorstand gehören zur Geschäftsführung. Die Geschäftsführung muss sich an den Gesetzen und der Satzung orientieren. Dies wird unter anderem durch den Rechenschaftsbericht in der Mitgliederversammlung belegt. Es wird angeregt, die Verpflichtung zur Abgabe eines Rechenschaftsberichts in die Satzung aufzunehmen.

9.12 Beschlüsse des Vorstandes

Beschlüsse des Vorstandes sind in einer Versammlung seiner Mitglieder zu fassen. Es kann auch um Umlaufverfahren beschlossen werden. Im Umlaufverfahren hieße schriftliche Zustimmung, Zustimmung per Fax oder auch per e-mail. Das Umlaufverfahren kann jedoch nur angewandt werden, wenn dies in der Satzung ausdrücklich gestattet ist oder wenn, in Ausnahmefällen, alle Vorstandsmitglieder diesem Verfahren für diesen Fall zustimmen.

Wie empfehlen, das Umlaufverfahren in schriftlicher Form oder per Fax in der Satzung zu ermöglichen, allerdings nur für dringende Fälle, in denen nachgewiesener Maßen eine Versammlung aus zeitlichen und/oder sachlichen Gründen nicht möglich ist.

9.13 Beschlussfähigkeit des Vorstandes

Wenn Sie in der Satzung keine Regelung treffen, ist der Vorstand beschlussfähig, auch wenn sich nur ein Vorstandsmitglied zur Sitzung eingefunden hat. Dies ist sicherlich nicht gewollt. Wir empfehlen eine Regelung, die sowohl solche geschilderten extremen Situationen vermeidet aber auch so praktikabel ist, dass wegen zu hoher Anforderungen nicht Sitzungen wiederholt werden müssen. Möglich wäre zum Beispiel für einen Vorstand von sechs Mitgliedern diese Formulierung: Der Vorstand ist beschlussfähig, wenn mindestens drei Mitglieder anwesend sind. Je größer in das Gremium ist, desto niedriger sollten Sie die prozentuale Quote, die für eine Beschlussfähigkeit erforderlich ist, einsetzen.

9.14 Formale Erfordernisse

Zu einer Vorstandssitzung muss in der von Ihnen in der Satzung vorgeschriebenen Form eingeladen werden. Gerade dann, wenn das Gremium außerhalb der Sitzungen wenig Kontakt hat, zum Beispiel durch räumliche Entfernungen, sollte die Schriftform bzw. die elektronische Einladung per e-mail gewählt werden. Es kann auch genügen, wenn zu Beginn des Jahres die Termine festgelegt und allen Mitgliedern schriftlich mitgeteilt werden. Dann müssen nur noch die Veränderungen erneut schriftlich ergänzt werden.

In der Einladung müssen Zeit und Ort exakt genannt werden. Soll über Tagesordnungspunkte ein Beschluss gefasst werden, müssen diese in der Einladung aufgeführt sein. Dabei muss der Tagesordnungspunkte so genau bezeichnet werden, dass der Eingeladene sich ausreichend vorbereiten kann.

9.15 Was ist zu tun und wer tut es?

Wenn Ihr Verein von Anfang an richtig „laufen“ soll, ist es wichtig festzustellen, welche Aufgaben durch wen erledigt werden sollten. Also gilt es, alle im Verein anfallenden Aufgaben zu erfassen. Dabei sollten Sie nicht zu sehr ins Detail gehen, sondern gleichartige oder artverwandte Aufgaben zusammenfassen.

Diese Aufgaben werden dann auf die zukünftigen Mitglieder Ihres Vereinsvorstands und/oder weitere Mitglieder verteilt. Dies geschieht selbstverständlich auf freiwilliger Basis. Achten Sie darauf, dass die Aufgaben vom Übernehmenden auch bewältigt werden können.

Zum einen sollte die fachliche Qualifikation vorhanden sein oder aber, z.B. durch Lehrgänge, erworben werden können. Noch wichtiger ist oftmals, dass auch das Mengenvolumen bewältigt werden kann. Einige übernehmen in der Euphorie einer gut gelungenen Vorstandssitzung jede nur denkbare Aufgabe, um drei Tage später sich laut über die nicht zu schaffende Arbeitsmenge zu beklagen.

9.16 Das Aufgabendiagramm

Besonders übersichtlich wird die Aufgabenerhebung und -verteilung, wenn Sie ein so genanntes Aufgabendiagramm benutzen. Dieses Aufgabendiagramm enthält die Summe aller Aufgaben des Vereins und die an der Aufgabenerfüllung beteiligten Stellen (und damit Mitglieder) hier am Beispiel eines Sportvereins.

Ein solches Aufgabendiagramm können Sie auch im Vorfeld einer Gründungsversammlung erstellen. Es erleichtert es, geeignete Vorstände zu finden und verdeutlicht schon in der Gründungsversammlung das zu bewältigende Aufgabenspektrum.

In dieses Aufgabendiagramm könnten gleichzeitig noch die Kompetenzen für die Aufgabenerfüllung eingearbeitet werden. Dabei sorgen entsprechende Kürzel z.B. EV =Entscheidungsvorbereitung, ES = Entscheidung als Stellvertreter für die Zuordnung der Kompetenzen. Dies führt jedoch zu Verwirrungen, wenn nicht allzu häufig mit dem Diagramm gearbeitet, sondern nur dann und wann nachgeschlagen wird. In einem solchen Fall ist es ratsamer zusätzlich ein Kompetenzen Diagramm anzulegen.

	Aufgabe	Erläuterungen	Funktion
1	Koordination der VS-Arbeit	Einladung zu Sitzungen, Vorbereitung der Tagesordnung, Protokoll, Überwachung der Umsetzung von Beschlüssen	1.Vors.
2	Rechts- und Grundsatzfragen	Pflege der Vereinssatzung. Überwachung und Pflege der Vereinsgrundsätze	1.Vors.
3	Organisation	Erarbeitung von Konzepten zur Aufbau- und Ablauforganisation des Vereins	Sportwart

4	Wettkampf- und Leistungssport	Sicherung der Durchführung des Wettkampf und Leistungssports in Zusammenarbeit mit den Abteilungen	Sportwart
5	Hallen- und Spielzeiten	Vergabe der Hallen- Sportplatz- und Spielzeiten. Überwachung der sportgerechten Nutzung.	1.Vors.
6	Mitglieder-betreuung	Durchführung von Maßnahmen und Veranstaltungen zur Verbesserung der Anbindung der Mitglieder an den Verein	2.Vors.
7	Ehrungen	Überwachung der Durchführung von Ehrungen im Rahmen der Ehrungsordnung	2.Vors.
8	Mitgliedergewinnung	Ansprechpartner für neue Mitglieder. Einbinden neuer Mitglieder z.B. durch Veranstaltung von Info-Abenden.	2.Vors.
9	Sponsoren, Förderer	Betreuung von Sponsoren und Förderern. Marketingkonzepte, Durchführung von Aktionen	2.Vors.
10	Buchführung	Durchführung der Finanzbuchführung des Vereins incl. Jahresabschluss und Statistiken. Zahlung von Übungsleiterentschädigungen, Reisekosten etc.	Schatzmeister
11	Steuern	Sicherstellung der Beachtung steuerlicher Vorschriften in allen Bereichen des Vereins	Schatzmeister
12	Mitgliederverwaltung	Verwaltung des Mitgliederbestandes. Beitragswesen. Bericht über den Mitgliederstand und dessen Entwicklung.	Mitgliederwartin
13	Vereinsdienst	Organisation und Überwachung der den Mitgliedern vorgegebenen Arbeitsstunden	Mitgliederwartin

14	Jugendarbeit	Sicherstellung einer angemessenen Jugendarbeit in allen Abteilungen	Jugend-wartin
15	Ansprechpart-ner für Jugend-liche	Abteilungsübergreifender Ansprech-partner für jugendliche Vereinsmit-glieder	Jugend-wartin
16	Ansprechpart-ner für Eltern	Abteilungsübergreifender Ansprech-partner für die Erziehungsberechtig-ten jugendlicher Vereinsmitglieder	Jugend-wartin
17	Freizeit- und Breitensport	Sicherung der Durchführung und Entwicklung von Initiativen im Frei-zeit- und Breitensport	Frauen-wartin
18	Frauenwart	Sicherstellung eines angemessenen Angebotes an sportinteressierte Frauen	Frauen-wartin
19	Öffentlichkeits-arbeit	Pressearbeit, Artikel verfassen über die Arbeit des Vorstands und des Gesamtvereins. Sicherstellung einer angemessenen Pressearbeit in den Abteilungen	Presse-wart
20	Öffentlichkeits-arbeit	Veranstaltungen im Rahmen der Öffentlichkeitsarbeit, Organisation und Überwachung der Durchführung	Presse-wart
21	Aus- und Fort-bildung	Aus- und Fortbildung der Übungslei-ter. Sicherstellung der Anwendung aktueller Trainingsmethoden	Ausbil-dungswart
22	Aus- und Fort-bildung	Aus- und Fortbildung der ehrenamt-lich tätigen Mitglieder (ohne Übungs-leiter). Sicherstellung aktueller Kenntnisse in Vereinsführung, Recht und Steuern.	Ausbil-dungswart
23	Anlagen-Verwaltung und -Pflege	Sportanlage Exerzierplatz: Ausübung des Hausrechts gegenüber Nichtmit-gliedern. Überwachung der Anlage, insbesondere in nutzungsfreien Zeiten.	Ausbil-dungswart

24	Anlagen-Verwaltung und -Pflege	Aufnahme und Sicherstellung der mobilen und immobilen Vermögenswerte des Vereins. Durchführung der Inventur zur Erstellung des Jahresabschlusses	Anlagenwart
25	Versicherungen	Überprüfung und Aktualisierung der Versicherungen des Vereins	Anlagenwart
26	Zuschüsse	Überprüfung der Zuschusslage öffentlicher Stellen	Anlagenwart

10 Satzungsregelungen Mitgliederversammlung

10.1 Wer beruft die Mitgliederversammlung ein

In ihrer Satzung legen Sie zunächst fest, wer die Mitgliederversammlung einberuft. Dies ist in i.d.R. der Vorstand. Sie können auch auf Vorkehrungen für den Fall treffen, dass ihr Verein aus irgendeinem Grund (z.B. Rücktritt des gesamten Vorstandes) keinen Vorstand mehr hat. Denkbar wäre für einen solchen Fall, dem Ältestenrat das Recht zur Einberufung der Mitgliederversammlung einzuräumen.

10.2 Wann soll eine Mitgliederversammlung stattfinden

Eine Mitgliederversammlung ist einzuberufen

- Turnusmäßig, in der Regel einmal im Jahr. Sie sollten auch hier schon den Vorstand in die Pflicht nehmen mit einer Formulierung wie: Der Vorstand hat die Mitgliederversammlung einmal jährlich bis spätestens zum 30. 4. eines Jahres einzuberufen.

- Wenn das Interesse des Vereins es verlangt. Dies ist z.B. immer dann der Fall, wenn die finanziellen Interessen des Vereins berührt sind. Beispiel: Vermögenswerte des Vereins sind durch Feuer beschädigt worden, es wird festgestellt, dass eine Unterversicherung vorlag.
- Wenn ein Zehntel der Mitglieder die Einberufung der Mitgliederversammlung schriftlich unter Angabe von Gründen verlangt. Die Festlegung auf 10 Prozent kommt aus dem BGB, es kann jedoch auch eine andere Quote oder eine bestimmte Zahl festgelegt werden.

10.3 Form der Einladung

Im Gesetz ist zur Form der Einladung nichts gesagt. Sie können daher in ihrer Satzung eine ihnen angemessen erscheinenden Form wählen. Bei kleineren Vereinen wird häufig die Schriftform gewählt, bei größeren erfolgt die Einladung durch Mitteilungen in geeigneter Form, z.B. in Zeitungen, im Internet und/oder durch Aushang am sog. schwarzen Brett.

10.4 Beschlussfähigkeit

Es hat sich bewährt, an die Beschlussfähigkeit der Mitgliederversammlung nicht zu hohe Ansprüche zu stellen. Sicher muss der Verein davor bewahrt werden, dass eine vielleicht nur aus drei Personen bestehenden Mitgliederversammlung Beschlüsse fassen kann. Andererseits ist es für alle ärgerlich, wenn wegen Beschlussunfähigkeit eine erneute Mitgliederversammlung einberufen werden muss. Denkbare wäre die Formulierung: Die Mitgliederversammlung ist beschlussfähig, wenn die Teilnehmerzahl mindestens doppelt so groß ist wie die Zahl der in der Satzung festgelegten Vorstandsmitglieder.

10.5 Form der Beschlüsse

Beschlüsse der Mitgliederversammlung werden in einer Versammlung gefasst. Das heißt, es ist die körperliche Anwesenheit der Mitglieder erforderlich. Bei Vereinen, deren Mitgliedern verstreut im Lande wohnen, kann es sinnvoll sein, das schriftliche oder elektronische Abstimmungsverfahren zuzulassen. Dieses Verfahren ist nur möglich, wenn es in der Satzung verankert wurde. Sie sollten dabei festlegen, dass mindestens 50 Prozent (oder eine Ihnen angemessen erscheinende Prozentzahl) der Mitglieder schriftlich abstimmen, wenn der Beschluss gültig sein soll.

10.6 Stimmrecht

In der Mitgliederversammlung hat grundsätzlich jedes Mitglied Stimmrecht. Wenn nichts anders festgelegt wurde, werden Jugendliche, die beschränkt Geschäftsfähig sind, durch ihre gesetzlichen Vertreter (die Eltern) vertreten. Da diese Regelung in der Praxis häufig nicht bekannt ist, führt Sie zu Missverständnissen.

Sie sollten daher in der Satzung festlegen, welche Regelung in Ihrem Verein gültig ist. Regeln sie dabei auch, ob und wenn ja wie Mitglieder sich vertreten lassen können. Denkbar ist folgende Formulierung: Jugendliche sind erst ab dem vollendeten 16 Lebensjahr stimmberechtigt. (Ein 15 jähriger hat dann kein Stimmrecht, das auch nicht auflebt, wenn er durch die Eltern vertreten wird). Mitglieder können sich bei der Stimmabgabe mit schriftlicher Vollmacht durch andere Mitglieder (oder auch Nichtmitglieder? ist festzulegen) vertreten lassen. Dabei sollten Sie auch festlegen, wie viel Stimmen jemand maximal vertreten darf.

10.7 Protokoll

Das Gesetz verlangt, dass über die Beschlüsse der Mitgliederversammlung ein Protokoll geführt wird. Legen Sie die Mindestinhalte des Protokolls fest. Schreiben Sie auch fest bis wann das Protokoll fertig zu stellen ist, wer es gegenzuzeichnen hat und wem es zur Verfügung gestellt wird.

Wir schlagen vor, dass das Protokoll vom Schriftführer und dem Ersten Vorsitzenden zu unterzeichnen ist (das ist die vom Gesetz verlangt Beurkundung) und innerhalb von 14 Tagen nach der Sitzung allen Vorstandsmitgliedern zur Verfügung gestellt wird.

10.8 Abgrenzung der Kompetenzen zum Vorstand

Grundsätzlich ist die Mitgliederversammlung für alle Entscheidungen zuständig. Dies ist jedoch nur bei kleineren Vereinen mit einer überschaubaren und erreichbaren Mitgliederzahl praktikabel. Es hat sich bewährt, dem Vorstand im Rahmen der Haushaltsplanung die Entscheidungen zu überlassen, so dass das Tagesgeschäft von diesem abgewickelt werden kann. Es kann dabei sinnvoll sein, dass die Mitgliederversammlung sich einzelne Entscheidungen vorbehält, z.B. die Aufnahme von Krediten, An- oder Verkauf von Vereinsvermögen ab 10.000 Euro etc.

11 Mögliche Organe und Gremien des Vereins

11.1 Die Mitgliederversammlung

Das höchste Organ des Vereins ist die Mitgliederversammlung. Von den Teilnehmern wird lediglich - aber immerhin - verlangt, dass sie Mitglied des Vereins sind und sich damit zu den satzungsmäßigen Aufgaben und Zielen des Vereins bekennen. Das Stimmrecht der Jugendlichen ist jedoch häufig eingeschränkt. Die Aufgabe der Mitgliederversammlung ist sowohl Beschlüsse zu fassen als auch Kontrollpflichten wahrzunehmen.

11.2 Delegiertenversammlung

Eine zahlenmäßige Begrenzung der Teilnehmer an einer Mitgliederversammlung ist nicht möglich. Dafür wäre in der Satzung die Möglichkeit einer Delegiertenversammlung zu schaffen. Dies könnte bei größeren z.B. Mehrspartenvereinen so geregelt sein, das pro 10 Mitglieder einer Sparte ein Delegierter gewählt wird. Ähnlich kann bei räumlicher Untergliederung vorgegangen werden. Die Delegiertenversammlung übernimmt die Rechte der Mitgliederversammlung.

11.3 Der Vorstand

Der Vorstand ist der Mitgliederversammlung verantwortlich. Da in ihm sehr viele und wichtige Entscheidungen zu fällen sind, sollte im Interesse einer akzeptablen Entscheidungsgeschwindigkeit der geschäftsführende Vorstand aus nicht mehr als 5 Mitgliedern bestehen. Neben einem überdurchschnittlichen Interesse für die Vereinsarbeit sollten Mitgliedern eines Vereinsvorstands Qualitäten in der Menschenführung und spezielles fachliches Wissen für das übernommene Ressort (Finanzen, Öffentlichkeitsarbeit) vorhanden sein oder die Bereitschaft bestehen, dieses Wissen sich anzueignen.

Der geschäftsführende Vorstand ist in der Regel identisch mit dem Vorstand nach § 26 BGB. Dies muss aber nicht sein. Der geschäftsführende Vorstand entscheidet, der Vorstand nach § 26 BGB vertritt den Verein, d.h., er schließt z.B. die vom Geschäftsführenden Vorstand beschlossenen Verträge.

Die Bezeichnung „Geschäftsführender Vorstand“ wird von den Registergerichten häufig nicht akzeptiert. Dort wird wegen der klaren Bestimmbarkeit nur die Bezeichnung „Vorstand“ gewünscht. Dies ist dann von Bedeutung, wenn Sie auch einen sog. „Erweiterten Vorstand“ installieren wollen. Auch diese Bezeichnung wird von den Gerichten mitunter abgelehnt.

11.4 Kassenprüfer

Die Kassenprüfer (nach dem Gesetz nicht zwingend vorgeschrieben) sind ebenfalls der Mitgliederversammlung verantwortlich und nicht etwa dem Vorstand. Sie sind kein Organ des Vereins. Je nach Umfang der satzungsmäßigen Anforderungen (fortlaufende Prüfung bzw. nur Prüfung des Jahresabschlusses) wird Ihre Anzahl nicht höher als 4 sein, üblich sind 2 Personen. Neben Vorkenntnissen in der Buchführung sollten sie vertraut sein mit den vereinsinternen

Vorgängen. Idealerweise haben sie schon einmal im Vorstand eines Vereins mitgearbeitet.

11.5 Weitere Möglichkeiten

11.5.1 Der Aufsichtsrat

Ein Aufsichtsrat wird i.d.R. dann installiert, wenn

- die Mitgliederversammlung zu unübersichtlich wird und mehr die Emotionen als die Fachkenntnisse zur Beschlussfassung führen
- die Einberufung von außerordentlichen Mitgliederversammlungen aufgrund der Entfernungen oder sonstiger Gründe zu aufwendig ist
- Persönlichkeiten in das Vereinsleben eingebunden werden sollen, ohne dass diese in das Tagesgeschäft eingebunden sind

Die Aufgaben können sein

- Wahl des Vorstands
- Genehmigung von Abweichungen vom Haushaltsplan von bis zu xxx %
- Aufnahme neuer Mitglieder
- Ausschluss von Mitgliedern
- Ehrungen

11.5.2 Der erweiterte Vorstand

Der erweiterte Vorstand (bei einer fachorientierten Organisation z.B. erweitert um die Spartenleiter) ist i.d.R. ein beratendes Gremium, das Empfehlungen an den geschäftsführenden Vorstand ausspricht und von diesem über die wichtigen Angelegenheiten im Verein informiert wird. In alten Satzungen wird jedoch häufig zwischen Vorstand nach § 26 BGB und erweitertem Vorstand unterschieden. Dann ist der erweiterte Vorstand das Beschlussorgan. Stimmen Sie mit dem Rechtspfleger beim Amtsgericht vorher ab, ob der die Bezeichnung „Erweiterter Vorstand“ akzeptiert.

Die Mitgliederzahl ist durch Satzung, z.B. durch die Anzahl der Sparten, vorgegeben. Bei wesentlich mehr als 12 Mitgliedern werden Sie jedoch feststellen, dass eine fachlich tiefer gehende Diskussion erschwert wird, und als Aufgabe für dieses Gremium nur noch die Information bleibt. Die Anforderungen an die Mitglieder sind, soweit diese Fachaufgaben erfüllen müssen, mit denen des geschäftsführenden Vorstands identisch. Die Registergerichte bemängeln häufig die Bezeichnung „Erweiterter Vorstand“, so dass für die Mitglieder ohne Stimmrecht im Vorstand z.B. die Bezeichnung Beirat oder Präsidium gewählt werden sollte.

11.5.3 Der Ältesten- oder Ehrenrat

Die Aufgaben des Ältesten- oder Ehrenrats ergeben sich aus der Satzung oder der Geschäftsanweisung für den Ältestenrat. In der Regel ist es ein Gremium, das den Vorstand in Fragen der Traditionspflege berät und als Schlichtungsorgan bei Streitigkeiten zwischen Vorstand und Mitgliedern fungiert. In den Ältestenrat sollten Mitglieder berufen werden, die in der Vereinsarbeit erfahren sind und möglichst schon an verantwortlicher Stelle im Verein gearbeitet haben. Juristische Vorkenntnisse bei einem der Mitglieder sind von Vorteil.

11.5.4 Der Spartenvorstand

Die Gliederung des Vereins in Sparten ist insbesondere bei Sportvereinen anzutreffen. Der Spartenvorstand ist dem geschäftsführenden Vorstand verantwortlich. Da er die Verbindungsstelle von der Vereinsleitung zu den Aktiven ist, werden neben spartenspezifischem Wissen hohe Anforderungen an Menschenkenntnis und Menschenführung gestellt. Entscheidungen im Spartenvorstand betreffen häufig das Tagesgeschäft und dulden damit selten Aufschub, so sollte der engere Spartenvorstand auf maximal drei Mitglieder beschränkt sein.

11.5.5 Schiedsgericht

Wenn Sie ein Schiedsgericht einrichten wollen, muss dessen Zuständigkeit, die Art der Wahl der Schiedsrichter und für den Fall, dass es direkt Vereinsstrafen verhängen soll, der Sanktionskatalog in der Satzung festgelegt werden. Das Verfahren selbst kann in einer Schiedsordnung geregelt werden.

11.5.6 Arbeitskreise

Arbeitskreise haben in der Regel keine eigene Entscheidungskompetenz, sie beraten den Vorstand oder die Mitgliederversammlung und sprechen zu ihrer Aufgabenstellung Empfehlungen aus. Die Mitglieder werden nach fachlichen und vereinsorganisatorischen Gesichtspunkten ausgewählt. (z.B. Neubau eines Vereinsheims: Ein Architekt, ein Bankkaufmann, ein Handwerker und der Schatzmeister des Vereins.) Um eine intensive und vertrauensvolle Beratung zu ermöglichen, sollte ein Arbeitskreis aus nicht mehr als sechs Mitgliedern bestehen.

11.5.7 Informationsveranstaltungen

Informationsveranstaltungen dienen der Information und der Motivation eines bestimmten Personenkreises. Neben einmaligen Informationsveranstaltungen (Eine neue Sparte stellt sich vor) sind auch regelmäßige Informationsveranstaltungen denkbar (Tag der offenen Tür, Elternabend). Bei einer Informationsveranstaltung erwarten die Gäste ein hohes Maß an Fachkompetenz von den Durchführenden. Sie ist immer auch eine Angelegenheit des Vorstands.

12 Formaler Gründungsakt

12.1 Welche Schritte sind erforderlich

- Sie sollten mit Gleichgesinnten einig sein über die Gründung eines Vereins zur Verwirklichung von Zielen und Aufgaben.
- Sie entwerfen, evtl. schon in einem größeren „Vorbereitungsausschuss", eine Satzung.
- Diesen Satzungsentwurf stimmen Sie, soweit Sie einen gemeinnützigen eingetragenen Verein gründen wollen, mit dem zuständigen Mitarbeiter des Finanzamts und mit dem Rechtspfleger des Amtsgerichts ab.
- Sie laden die Interessierten zu einer Gründungsversammlung ein.
- In der der Gründungsversammlung verabschieden Sie die Satzung und wählen einen Vorstand.
- Der Vorstand nimmt seine Arbeit auf und meldet den Verein beim Registergericht und beim Finanzamt an

12.2 Sieben auf einen Streich

Erforderlich sind zunächst mindestens sieben Gründungsmitglieder jedenfalls dann, wenn die Eintragung des Vereins in das Vereinsregister vorgesehen ist. Wir empfehlen grundsätzlich aus haftungsrechtlichen Gründen einen rechtsfähigen Verein zu gründen.

Für die Gründung eines nicht rechtsfähigen Vereins benötigen sie lediglich zwei Mitglieder. Unter den Gründungsmitgliedern können auch Minderjährige sein, die dann jedoch der Einwilligung ihrer gesetzlichen Vertreter bedürfen.

12.3 Satzungsentwurf

Sie gehen so vor, dass sie zunächst eine Satzung entwerfen. Dazu hat der Gesetzgeber sog. Mindesterfordernisse festgeschrieben. Danach müssen in der Satzung festgelegt sein

- der Zweck des Vereins
- sein Name
- sein Sitz
- die beabsichtigte Eintragung des Vereins beim Vereinsregister.

Weitere Punkte müssen ebenfalls geregelt werden wobei sie jedoch gewisse Gestaltungsmöglichkeiten haben:

- Unter welchen Voraussetzungen können Vereinsmitglieder ein und austreten. Unsere Empfehlung: regeln Sie hier auch den eventuellen Ausschluss eines Vereinsmitgliedes.
- Welche Beiträge (Jahresbeitrag in Geld, Aufnahmegebühr, Umlagen oder Arbeitsleistungen) sind zu erbringen und wer legt diese Beiträge in Höhe und Umfang fest.
- Wie soll sich der Vorstand zusammensetzen
- Wie sind die Modalitäten zur Einberufung der Mitgliederversammlung.

Denken Sie bei der Abfassung der Satzung auch gleich an die steuerlichen Vorschriften, in der Regel möchte ein Verein die Gemeinnützigkeit anstreben. Dies ist bei der Abfassung der Satzung zu berücksichtigen.

13 Die Gründungsversammlung

13.1 Einladung

Zur Gründungsversammlung laden in die Initiatoren in geeigneter Weise ein. Formvorschriften gibt es hierfür nicht. Sie sollten jedoch in der Einladung die Tagesordnung so veröffentlichen, dass die Empfänger wissen, worüber sie in der Gründungsversammlung zu entscheiden haben.

13.2 Gründung ohne Versammlung

Wenn wir auch im weiteren Verlauf davon ausgehen, dass der „Normalfall“ Gründungsversammlung auch bei Ihnen zutrifft, weisen wir doch darauf hin, dass die Beschlüsse über die Gründung eines Vereins auch im schriftlichen Umlaufverfahren gefasst werden können.

13.3 Stimmrecht

Stimmberechtigt sind alle juristischen und geschäftsfähigen natürlichen Personen. Minderjährige beschränkt geschäftsfähige Personen benötigen eine Vollmacht ihrer gesetzlichen Vertreter. Ob Minderjährige auch im Rahmen des so genannten Taschengeldparagrafen handeln können, hängt von der Art des Vereins ab. Z.B. bei einem Sportverein mit ortsüblichen Beitragssätzen würden wir dies bejahen. Minderjährige können auch durch ihre gesetzlichen Vertreter bei der Gründungsversammlung vertreten werden. War einer der Gründer nicht rechtswirksam vertreten, ist die Vereinsgründung dennoch wirksam, wenn mindestens sieben Gründungsmitglieder rechtswirksam gehandelt haben.

13.4 Teilnehmerliste

Eine oder mehrere Teilnehmerlisten sind vorzubereiten, in die sich die Teilnehmer mit Zu- und Vornamen, Wohnsitz und Geburtsdatum eintragen.

13.5 Versammlungsleiter, Schriftführer

Zu Beginn eine Gründungsversammlung bestimmen sie einen Versammlungsleiter und einen Schriftführer, der den gesamten Ablauf der Versammlung protokolliert. Dabei genügt ein sog. Ergebnisprotokoll, ein Wortprotokoll ist nicht erforderlich.

13.6 Leitung der Versammlung

Die Reihenfolge, in der Sie als Versammlungsleiter den Teilnehmern das Wort erteilen, ergibt sich bei der nahezu ausschließlich aus der

Reihenfolge der Wortmeldungen. Lassen Sie möglichst jeden, der es wünscht, zu Wort kommen. Durch Redezeitbegrenzung können Sie den Zeitaufwand steuern.

Bei vielen Wortmeldungen zu einem Thema ist es erforderlich, eine Rednerliste zu führen, in die die Wortmeldungen chronologisch eingetragen werden. Bitten Sie jemanden die Rednerliste zu führen, damit Sie sich weiter auf die Versammlungsleitung konzentrieren können.

Wortmeldungen zur Geschäftsordnung können und sollten Sie vorziehen. Um Wortmeldungen zur Geschäftsordnung als solche zu erkennen, geben Sie zu Beginn der Sitzung bekannt, dass diese durch Hochheben beider Arme erfolgen.

Übliche Geschäftsordnungsanträge sind

- Anträge zur Tagesordnung
- Anträge auf Schluss der Rednerliste
- Anträge auf Beendigung der Diskussion
- Anträge auf Schluss der Sitzung
- Anträge auf Verweis des Antrag zur Behandlung im Vorstand oder in einem Ausschuss

13.7 Die Rechte des Versammlungsleiters

13.7.1 Wort erteilen und entziehen

Sie haben als Versammlungsleiter das Recht, das Wort zu Diskussionsbeiträgen zu erteilen und auch zu entziehen. Letzteres insbesondere, wenn die Redezeit (deutlich) überschritten wird, nicht zum Thema gesprochen wird oder ein Diskussionsteilnehmer sich daneben benimmt. Um die Versammlung, die in der Regel dem vermeintlich Schwächeren die Sympathien schenkt, nicht gegen Sie aufzubringen, sollten Sie den betreffenden Teilnehmer vor dem Entzug des Wortes ein- oder zweimal deutlich ermahnen.

13.7.2 Abbrechen, vertagen

Auch in der Gründungsversammlung steht dem Versammlungsleiter das Recht zu, diese vorzeitig abzubrechen und die nicht behandelten Punkte zu vertagen. Auf Verständnis für eine solche Maßnahme können Sie jedoch nur hoffen, wenn etwa die Zeit sehr weit fortgeschritten ist und Reihen sich merklich gelichtet haben oder wenn durch Störungen ein geordneter Versammlungsverlauf nicht mehr gesichert ist.

13.7.3 Schluss der Debatte

Ziehen dauernd sich wiederholende Beiträge eine Diskussion unzumutbar in die Länge, können Sie diese beenden, indem Sie Wortmeldungen zu diesem Thema nicht mehr zulassen. Eleganter ist es jedoch, einen Geschäftsordnungsantrag auf Schluss der Debatte zu stellen - oder durch einen "Verbündeten" stellen zu lassen. Bei nervtötenden Aussprachen mit den üblichen Dauerrednern ist Ihnen eine Mehrheit sicher.

13.8 Wie wird abgestimmt?

13.8.1 Weitergehend zuerst

Werden Anträge zur Abstimmung gestellt, ist zunächst über den weitergehenden Antrag zu befinden. Liegen als Anträge z.B. vor:

a) Jugendliche bis 14 Jahren vom Beitrag zu befreien

b) Jugendliche bis 18 und Schüler und Studenten vom Beitrag zu befreien.

Der Antrag b) ist der weitergehende. Wird er angenommen, brauchen Sie über den Antrag a) nicht mehr abstimmen zu lassen, da die Betroffenen vom Antrag b) mit erfasst werden. Wird Antrag b) allerdings abgelehnt, müssen Sie noch über den Antrag a) abstimmen lassen.

13.8.2 Art der Abstimmung

In welcher Form in der Gründungsversammlung abgestimmt wird, entscheidet der Versammlungsleiter, da satzungsmäßige Bestimmungen ja noch fehlen. Ggfs. kann dieser die Versammlung die Abstimmungsverfahren zu Beginn der Sitzung beschließen lassen.

Bei eindeutigen Mehrheitsverhältnissen und unkritischen Themen wird durch Akklamation entschieden: "Erhebt sich gegen diesen Vorschlag Widerspruch?".

Zu den weitaus meisten Anträgen wird offen abgestimmt, durch Handzeichen oder Zeigen der Stimmkarte. Bei einer größeren Teilnehmerzahl oder einer für den Versammlungsleiter schlecht zu übersehenden Sitzordnung bitten Sie vorher einige Teilnehmer, Ihnen bei Stimmenauszählungen behilflich zu sein. Legen Sie vorher die "Stimmbezirke" der Helfer fest, damit es nicht zu Überschneidungen beim Zählen kommt. Es soll schon Versammlungen gegeben haben, bei denen das Auszählen der Stimmen mehr Zeit in Anspruch genommen hat als die Diskussion.

Die geheime Abstimmung, mitunter gefordert bei Personalentscheidungen, erfordert pro Wahlgang einheitlich gekennzeichnete Stimmzettel! Ihre Gründungsversammlung wäre nicht die erste, bei der niemand an dieses Erfordernis gedacht hat. Die Kennzeichnung erfolgt so, dass die Stimmzettel eines Wahlgangs sich absolut gleichen, aber nicht mit denen anderer Wahlgänge verwechselt werden können.

13.9 Was ist „Mehrheit“

13.9.1 Welche Stimmen werden gezählt

Der Bundesgerichtshof hat bereits mit Urteil vom 25. Januar 1982 (Aktenzeichen II ZR 164/81 - München) entschieden, dass bei der Beschlussfassung im Verein die Mehrheit nur nach der Zahl der abgegebenen Ja- und Nein - Stimmen zu berechnen sei und dass Stimmenthaltungen nicht mitzuzählen sind.

Ein Mitglied, das sich bei einer Abstimmung der Stimme enthält, will, aus welchen Gründen auch immer, weder ein zustimmendes noch ein ablehnendes Votum abgegeben, sondern sein Unentschieden bekunden.

Würden bei Mehrheitsbeschlüssen die Stimmenthaltungen mitgezählt werden, würden diese sich so auswirken, als ob das betreffende Mitglied mit "Nein" gestimmt hätte. Damit wäre der objektive Erklärungswert des Abstimmungsverhaltens verfälscht.

Entfernt sich ein Mitglied während der Abstimmung aus dem Saal, stimmt nicht mit ab und betritt nach der Abstimmung wieder die Tagungsstätte, wird es so behandelt, als wäre es nicht anwesend. Entscheidend sind immer nur die abgegebenen Stimmen der zur Zeit der Abstimmung anwesenden stimmberechtigten Mitglieder

Es immer darauf zu achten, dass Enthaltungen bei der Berechnung von Mehrheiten nicht mitzuzählen sind. Das gilt auch für ungültige Stimmen.

13.9.2 Was gibt es für Mehrheiten?

- Einfache Mehrheit ist erreicht, wenn die Summe der Ja-Stimmen mindestens um eine Stimme größer ist als die Summe der Nein - Stimmen.
- Absolute Mehrheit kann bedeuten, dass für die Beschlussfassung mehr als die Hälfte der zur Abstimmung anwesenden Vereinsmitglieder notwendig ist. (z.B. 51 von 100)
- Qualifizierte Mehrheit ist eine Stimmenmehrheit, die größer ist als die einfache Stimmenmehrheit (z. B. 2/3-, 3/4- oder 4/5-Stimmenmehrheit).
- Relative Stimmenmehrheit kann hinter der einfachen Mehrheit zurückbleiben und kommt nicht selten zur

Anwendung bei Wahlen. Gewählt ist dann, wer die meisten Stimmen auf sich vereinigt.

13.10 Satzung diskutieren und verabschieden

Üblicherweise wird dann die Satzung Absatz für Absatz verlesen und diskutiert. Vermeiden Sie dabei, dass es zu unübersichtlichen nachträglichen Satzungsänderungen kommt, deren rechtliche Auswirkungen sie in der Hektik einer Gründungsversammlung nicht übersehen können. Wenn es nicht anderes geht, sollte dann die Gründung auf einen späteren Termin verschoben werden. Gehen wir vom üblichen Verfahren aus: Die Satzung wird mit wenigen redaktionellen Änderungen verabschiedet.

13.11 Wer ist nun Vereinsmitglied

Vereinsmitglied sind alle die, die sich zu der Satzung bekennen und in der Abstimmung über die Satzung mit „Ja“ gestimmt haben. Das bedeutet, dass Sie zur Gründung eines später einzutragenden Vereins mindestens sieben natürliche Personen benötigen, die dem Satzungsentwurf zustimmen. Und nur diese sind die Gründungsmitglieder. Es hat sich bewährt, alle Gründungsmitglieder die verabschiedete Satzung unterzeichnen zu lassen. Im weiteren Verlauf der Sitzung sind nur diese Gründungsmitglieder stimmberechtigt.

13.12 Vorstandswahlen

Danach beginnen die Wahlen zum Vorstand und die Wahl der Kassenprüfer. Zunächst ist ein Wahlleiter zu berufen, der die Wahlen leitet. Dieser kann selbst nicht in den Vorstand gewählt werden (Wenn er nicht gewählt werden möchte, kann dies auch der Versammlungsleiter weiter machen).

Die Wahlen werden dann bereits nach den in der Satzung festgelegten Formvorschriften durchgeführt. Das Wahlergebnis wird jeweils bekannt gegeben. In Funktion sind die neuen Vorstandsmitglieder jedoch erst, wenn sie ihre Wahl angenommen haben.

13.13 Protokoll

Da das Protokoll später der Anmeldung zum Vereinsregister beigefügt werden muss, müssen einige grundsätzliche Dinge beachtet werden:

- eine Anwesenheitsliste mit Name, Adresse und Geburtsdatum ist beizufügen.
- es muss vermerkt werden, dass die Gründungsversammlung der Gründung des Vereins zugestimmt hat.
- festzuhalten ist, dass die Satzung in der vorgeschlagenen Form (mit entsprechenden Änderungen) verabschiedet wurde.
- die Wahlen sind unter Beachtung der Formvorschriften durchgeführt worden. Das Ergebnis und die Annahme der Wahl werden protokolliert.
- das Protokoll wird vom neuen ersten Vorsitzenden, dem Schriftführer und dem Versammlungsleiter bis zur Wahl unterschrieben.

13.14 Anmeldung

Es erfolgt dann die Anmeldung des Vereins zum Vereinsregister. Diese Erklärung sollte von allen Vorstandsmitgliedern unterschrieben werden (es gibt auch die Meinung, dass die zur Vertretung lt. Satzung erforderliche Zahl ausreicht). Die Unterschriften sind öffentlich zu beglaubigen (Notar, Ortsgericht).

Der Anmeldung sind beizufügen das Original und eine Kopie der Satzung sowie eine Kopie des Protokolls der Gründungsversammlung. Die Originale der Satzung sollte von den Gründungsmitgliedern unterschrieben werden.

Mit der Eintragung in das Vereinsregister, Sie erhalten darüber eine Nachricht vom Registergericht, ist der rechtsfähige Vereine entstanden. Er darf jetzt den Namenszusatz e.V. führen.

14 Einladung zur Gründungsversammlung (Muster)

Sehr geehrte Damen und Herren,

wir beabsichtigen, zur Förderung des Jugendsports in Fritzlar einen Verein zu gründen. Zur Gründungsversammlung am 18.8.2005 um 20.00 im Lokal "Zur Spitze" laden wir Sie herzlich ein. Als Tagesordnung ist vorgesehen:

1. Begrüßung durch den Initiator.
2. Wahl eines Versammlungseiters
3. Wahl eines Schriftführers
4. Feststellung der Anzahl der stimmberechtigten Teilnehmer
5. Genehmigung der Tagesordnung
6. Aussprache über die Gründung eines Fördervereins "Jugendsport"
7. Beratung und Verabschiedung einer Satzung
8. Wahlen des Vorstands
9. Wahlen für die weiteren Gremien
10. Wahlen der Kassenprüfer
11. Festlegung der Beiträge
12. Aufstellung eines Haushaltsplans
13. Weitere Vorgehensweise
14. Verschiedenes.

Den Entwurf einer Vereinssatzung fügen wir bei.
Mit freundlichen Grüßen

Albert Burghold

15 Protokoll einer Gründungsversammlung

"Fördervereins Jugendsport"

Am 18.8.2005 um 20.00 Uhr erschienen im Lokal "Zur Spitze" in Fritzlar die aus der Anwesenheitsliste ersichtlichen 15 Personen, von denen 4 nicht volljährig waren, zur Gründung eines Fördervereins für den Jugendsport. Somit waren 11 Personen in der Gründungsversammlung stimmberechtigt. Durch Zuruf wurde Herr Michael Cherk zum Versammlungsleiter gewählt

Die Tagesordnung wurde wie folgt genehmigt:

1. Begrüßung durch den Initiator.
2. Wahl eines Versammlungsleiters
3. Wahl eines Schriftführers
4. Feststellung der Anzahl der stimmberechtigten Teilnehmer
5. Genehmigung der Tagesordnung
6. Aussprache über die Gründung eines Fördervereins "Jugendsport"
7. Beratung und Verabschiedung einer Satzung
8. Wahlen des Vorstands
9. Wahlen für die weiteren Gremien
10. Wahlen der Kassenprüfer
11. Festlegung der Beiträge
12. Aufstellung eines Haushaltsplans
13. Weitere Vorgehensweise
14. Verschiedenes.

Der vorgelegte Satzungsentwurf wurde im Einzelnen besprochen und die Satzung in der anliegenden Fassung mit allen Stimmen der stimmberechtigten 11 Versammlungsteilnehmer verabschiedet und von diesen unterschrieben.

Zu Vorstandsmitgliedern wurden jeweils einstimmig in offener Abstimmung gewählt:

Herr Helmut Prochnow als 1. Vorsitzender; Frau Ines Wartenberg als Schatzmeisterin; Herr Jürgen Brandt als Schriftführer. Die Gewählten nahmen die Wahl an.

Als Mitglieder des Ältestenrates wurden gewählt:

Herr Friedhelm Dünnebacke; Herr Michael Cherk; Herr Fritz Walter

Die gewählten nahmen die Wahl an.

Zu Kassenprüfern wurden gewählt:

Frau Sandra Fleischer; Frau Katja Wojaschek

Die gewählten nahmen die Wahl an

Die Höhe des Beitrages wurde mit 30 Euro p.a. für Erwachsene und 10 Euro p.a. für Kinder festgelegt.

Der vorgelegte Haushaltsplan wurde mit 30.000 Euro Einnahmen, 29.000 Euro Ausgaben und 1.000 Euro Zuführung zu den Rücklagen verabschiedet.
Der Vorstand wurde aufgefordert, die Eintragung des Vereins in das Vereinsregister und die Gemeinnützigkeit des Vereins zu beantragen.
Zum Punkt "Verschiedenes" gab es keine Wortmeldungen. Die Sitzung wurde um 22.00 Uhr geschlossen.

Unterschriften: Der Vorstand (gemäß § 26 BGB)

Prochnow, Wartenberg, Brandt,

16 Muster-Satzung für einen (Förder-) Verein (e.V.)

16.1 Hinweis

Dies ist eine von vielen Möglichkeiten. Bitten Sie auch bestehende Vereine mit gleicher Ausrichtung um die Satzung. Weitere Beispiele finden Sie im Internet.

16.2 § 1 Name, Sitz und Geschäftsjahr

1. Der Verein führt den Namen Förderverein ______ e.V.

oder
den Namen Verein zur Förderung ____________ e.V.

- im Folgenden "Verein" genannt –

2. Der Verein hat seinen Sitz in ____________ und ist im Vereinsregister beim Amtsgericht ______eingetragen.

3. Das Geschäftsjahr ist das Kalenderjahr.

16.3 § 2 Zweckbestimmung

1. Zweck des Vereins ist die ideelle und finanzielle Förderung des _____________ (Verein/Körperschaft) e.V.

oder
die Unterstützung und Förderung des Projekts _______

oder
die Unterstützung von Maßnahmen/ geeigneten Aktivitäten auf dem Gebiet der ___________ (z.B. Gesundheitsvorsorge/Wissenschaftsbereich etc.).

2. Bereitstellung von Sachmitteln und Zuwendungen für steuerbegünstigte Zwecke der begünstigten Körperschaft und ideelle und bei Bedarf materielle Unterstützung zur Erfüllung der steuerbegünstigten Zwecke auf dem Gebiet der ___________ / im Bereich der ____________

3. Für die Erfüllung dieser satzungsmäßigen Zwecke sollen geeignete Mittel durch Beiträge/Umlagen, Spenden, Zuschüsse und sonstige Zuwendungen eingesetzt werden.

4. Der Verein verfolgt ausschließlich und unmittelbar gemeinnützige Zwecke im Sinne des Abschnitts "Steuerbegünstigte Zwecke" der Abgabenordnung in der jeweils gültigen Fassung. / Er wird als Förderverein nach § 58 Nr. 1 AO tätig, der seine Mittel ausschließlich zur Förderung steuerbegünstigter Körperschaften verwendet. (entfällt bei" normalen" Vereinen)/

5. Der Verein ist selbstlos tätig; er verfolgt nicht in erster Linie eigenwirtschaftliche Zwecke.

6. Mittel des Vereins dürfen nur für satzungsgemäße Zwecke verwendet werden. Die Mitglieder des Vereins erhalten in ihrer Eigenschaft als Mitglieder keine Zuwendungen aus Mitteln des Vereins.

7. Es darf keine Person durch Ausgaben, die dem Zweck des Vereins fremd sind oder durch unverhältnismäßig hohe Vergütungen begünstigt werden.

16.4 § 2 Zweck des Vereins (Alternativ Sportverein)

- Der Verein bezweckt die Pflege der Leibesübungen auf breiter Grundlage und die Förderung des Sports als Mittel zur Erhaltung der Gesundheit und als Möglichkeit für insbesondere junge Menschen, ihr Leistungsvermögen zu erproben.
- Der Verein fördert den Leistungssport auf allen Ebenen;
- Der Verein widmet sich dem Freizeit- und Breitensport;
- Der Verein bezweckt die Pflege und Förderung der allgemeinen Jugendarbeit.

Der Vereinszweck wird erreicht durch:

- das Abhalten von regelmäßigen Trainingsstunden;

- die Durchführung eines leistungsorientierten Trainingsbetriebes;
- den Aufbau eines umfassenden Trainings- und Übungsprogramms für alle Bereiche, einschließlich des Freizeit- und Breitensports;
- die Teilnahme an sportspezifischen und auch übergreifenden Sport- und Vereinsveranstaltungen;
- die Durchführung von allgemeinen Jugendveranstaltungen und -Maßnahmen;
- die Beteiligung an Turnieren und Vorführungen.

16.5 § 3 Mitgliedschaft

Mitglied kann jede natürliche oder juristische Person werden.

Der Verein besteht aus aktiven und Fördermitgliedern (ordentliche Mitglieder) sowie aus Ehrenmitgliedern.

Aktive Mitglieder sind die im Verein direkt mitarbeitenden Mitglieder; Fördermitglieder sind Mitglieder, die sich zwar nicht aktiv innerhalb des Vereins betätigen, jedoch die Ziele und auch den Zweck des Vereins in geeigneter Weise fördern und unterstützen.

Zum Ehrenmitglied werden Mitglieder ernannt, die sich in besonderer Weise um den Verein verdient gemacht haben. Hierfür ist ein Beschluss der Mitgliederversammlung erforderlich.

Ehrenmitglieder sind von der Beitragszahlung befreit, sie haben jedoch die gleichen Rechte und Pflichten wie ordentliche Mitglieder und können insbesondere an sämtlichen Versammlungen und Sitzungen teilnehmen.

16.6 § 4 Rechte und Pflichten der Mitglieder

Die Mitglieder sind berechtigt, an allen angebotenen Veranstaltungen des Vereins teilzunehmen. Sie haben darüber das Recht, gegenüber dem Vorstand und der Mitgliederversammlung Anträge zu stellen. In der Mitgliederversammlung kann das Stimmrecht nur persönlich ausgeübt werden.

Die Mitglieder sind verpflichtet, den Verein und den Vereinszweck – auch in der Öffentlichkeit – in ordnungsgemäßer Weise zu unterstützen.

16.7 § 5 Beginn/Ende der Mitgliedschaft

Die Mitgliedschaft muss gegenüber dem Vorstand schriftlich beantragt werden. Über den schriftlichen Aufnahmeantrag entscheidet der Vorstand mit einfacher Stimmenmehrheit abschließend. Der Vorstand ist nicht verpflichtet, Ablehnungsgründe dem/der Antragsteller/in mitzuteilen.

Ummeldungen in der Mitgliedschaft (von aktiver Mitgliedschaft auf Fördermitgliedschaft) müssen spätestens drei Monate vor Ende des Geschäftsjahrs dem Vorstand schriftlich mitgeteilt werden.

Die Mitgliedschaft endet durch freiwilligen Austritt, Ausschluss, Tod des Mitglieds oder Verlust der Rechtsfähigkeit bei juristischen Personen.

Die freiwillige Beendigung der Mitgliedschaft muss durch schriftliche Kündigung zum Ende des Geschäftsjahrs unter Einhaltung einer dreimonatigen Frist gegenüber dem Vorstand erklärt werden.

Der Ausschluss eines Mitglieds mit sofortiger Wirkung und aus wichtigem Grund kann dann ausgesprochen werden, wenn das Mitglied in grober Weise gegen die Satzung, Ordnungen, den Satzungszweck oder die Vereinsinteressen verstößt. Über den Ausschluss eines Mitglieds entscheidet der Vorstand mit einfacher Stimmenmehrheit. Dem Mitglied ist unter Fristsetzung von zwei Wochen Gelegenheit zu geben, sich vor dem Vereinsausschluss zu den erhobenen Vorwürfen zu äußern.

Bei Beendigung der Mitgliedschaft, gleich aus welchem Grund, erlöschen alle Ansprüche aus dem Mitgliedsverhältnis. Eine Rückgewähr von Beiträgen, Spenden oder sonstigen Unterstützungsleistungen ist grundsätzlich ausgeschlossen. Der Anspruch des Vereins auf rückständige Beitragsforderungen bleibt hiervon unberührt.

16.8 § 6 Mitgliedsbeiträge

Für die Höhe der jährlichen Mitgliederbeiträge, Förderbeiträge, Aufnahmegebühren, Umlagen, ist die jeweils gültige Beitragsordnung maßgebend, die von der Mitgliederversammlung beschlossen wird.

16.9 § 7 Organe des Vereins

Organe des Vereins sind

1. die Mitgliederversammlung
2. der Vorstand.

16.10 § 8 Mitgliederversammlung

1. Oberstes Organ des Vereins ist die Mitgliederversammlung, sie hat insbesondere folgende Aufgaben:
   - Die Jahresberichte entgegenzunehmen und zu beraten,
   - Rechnungslegung für das abgelaufene Geschäftsjahr,
   - Entlastung des Vorstands,
   - (im Wahljahr) den Vorstand zu wählen,
   - über die Satzung, Änderungen der Satzung sowie die Auflösung des Vereins zu bestimmen,
   - die Kassenprüfer zu wählen, die weder dem Vorstand noch einem vom Vorstand berufenen Gremium angehören und nicht Angestellte des Vereins sein dürfen.

2. Eine ordentliche Mitgliederversammlung wird vom Vorstand des Vereins nach Bedarf, mindestens aber einmal im Geschäftsjahr, nach Möglichkeit im ersten Halbjahr des Geschäftsjahrs, einberufen. Die Einladung erfolgt 14 Tage/1 Monat vorher schriftlich durch den Vorstand mit Bekanntgabe der vorläufig festgesetzten Tagesordnung an die dem Verein zuletzt bekannte Mitgliedsadresse.

3. Die Tagesordnung der ordentlichen Mitgliederversammlung hat insbesondere folgende Punkte zu umfassen:
   - Bericht des Vorstands,
   - Bericht des Kassenprüfers,

- Entlastung des Vorstands,
- Wahl des Vorstands,
- Wahl von zwei Kassenprüfern,
- Genehmigung des vom Vorstand vorzulegenden Haushaltsvoranschlags für das laufende Geschäftsjahr,
- Festsetzung der Beiträge/Umlagen für das laufende Geschäftsjahr bzw. zur Verabschiedung von Beitragsordnungen,
- Beschlussfassung über vorliegende Anträge.

4. Anträge der Mitglieder zur Tagesordnung sind spätestens zwei Wochen vor der Mitgliederversammlung beim Vereinsvorstand schriftlich einzureichen. Nachträglich eingereichte Tagesordnungspunkte müssen den Mitgliedern rechtzeitig vor Beginn der Mitgliederversammlung mitgeteilt werden.

Spätere Anträge – auch während der Mitgliederversammlung gestellte Anträge – müssen auf die Tagesordnung gesetzt werden, wenn in der Mitgliederversammlung die Mehrheit der erschienenen stimmberechtigten Mitglieder der Behandlung der Anträge zustimmt (Dringlichkeitsanträge).

5. Der Vorstand hat eine außerordentliche Mitgliederversammlung unverzüglich einzuberufen, wenn es das Interesse des Vereins erfordert oder wenn die Einberufung von mindestens ein Drittel der stimmberechtigten Vereinsmitglieder dies schriftlich unter Angabe des Zwecks und der Gründe vom Vorstand verlangt.

6. Der Vorsitzende oder sein Stellvertreter leitet die Mitgliederversammlung. Auf Vorschlag des/der Vorsitzenden kann die Mitgliederversammlung einen besonderen Versammlungsleiter bestimmen.

Beschlüsse der Mitgliederversammlung werden in einem Protokoll innerhalb von zwei Wochen nach der Mitgliederversammlung niedergelegt und von zwei Vorstandsmitgliedern unterzeichnet. Das Protokoll kann von jedem Mitglied auf der Geschäftsstelle eingesehen werden.

§ 9 Stimmrecht/Beschlussfähigkeit

1. Stimmberechtigt sind ordentliche und Ehrenmitglieder. Jedes Mitglied hat mit Vollendung des 18. Lebensjahrs eine Stimme, die nur persönlich ausgeübt werden darf.

2. Die Mitgliederversammlung ist ohne Rücksicht auf die Anzahl der erschienenen Mitglieder beschlussfähig.

3. Die Mitgliederversammlung fasst ihre Beschlüsse mit einfacher Mehrheit. Stimmenthaltungen bleiben außer Betracht. Bei Stimmengleichheit gilt der gestellte Antrag als abgelehnt.

4. Abstimmungen in der Mitgliederversammlung erfolgen offen durch Handaufhaben oder Zuruf.

5. Für Satzungsänderungen und Beschlüsse zur Auflösung des Vereins ist eine Dreiviertel-Mehrheit der erschienenen Stimmberechtigten erforderlich.

16.11 § 10 Vorstand

1. Der Vorstand setzt sich wie folgt zusammen:

- Vorsitzender
- Schatzmeister
- Schriftführer

Sie werden von der Mitgliederversammlung für die Dauer von ____ Jahren gewählt. Die unbegrenzte Wiederwahl von Vorstandsmitgliedern ist zulässig. Nach Fristablauf bleiben die Vorstandsmitglieder bis zum Antritt ihrer Nachfolger im Amt.

2. Der Vorstand leitet verantwortlich die Vereinsarbeit. Er kann sich eine Geschäftsordnung geben und kann besondere Aufgaben unter seinen Mitgliedern verteilen oder Ausschüsse für deren Bearbeitung oder Vorbereitung einsetzen.

3. Vorstand im Sinne des § 26 BGB sind der/die erste Vorsitzende, der/die stellvertretende Vorsitzende, der/die SchatzmeisterIn und

der/die SchriftführerIn. Zwei Vorstandsmitglieder vertreten den Verein gerichtlich und außergerichtlich.

4. Die Vorstandschaft beschließt mit einfacher Stimmenmehrheit. Der Vorstand ist beschlussfähig, wenn mindestens 2 Mitglieder anwesend sind oder schriftlich zustimmen. Bei Stimmengleichheit gilt der Antrag als abgelehnt.

5. Beschlüsse des Vorstands werden in einem Sitzungsprotokoll niedergelegt und von mindestens zwei Vertretungsberechtigten Vorstandsmitgliedern unterzeichnet.

6. Scheidet ein Vorstandsmitglied vor Ablauf seiner/ihrer Wahlzeit aus, ist der Vorstand berechtigt, ein kommissarisches Vorstandsmitglied zu berufen. Auf diese Weise bestimmte Vorstandsmitglieder bleiben bis zur nächsten Mitgliederversammlung im Amt.

16.12 § 11 Kassenprüfer

Über die Jahresmitgliederversammlung sind zwei Kassenprüfer für die Dauer von ____ Jahren zu wählen. Die Kassenprüfer haben die Aufgabe, Rechnungsbelege sowie deren ordnungsgemäße Verbuchung und die Mittelverwendung zu prüfen und dabei insbesondere die satzungsgemäße und steuerlich korrekte Mittelverwendung festzustellen. Die Prüfung erstreckt sich nicht auf die Zweckmäßigkeit der vom Vorstand getätigten Aufgaben. Die Kassenprüfer haben die Mitgliederversammlung über das Ergebnis der Kassenprüfung zu unterrichten.

16.13 § 12 Auflösung des Vereins

1. Bei Auflösung oder Aufhebung des Vereins oder bei Wegfall seiner bisherigen gemeinnützigen Zwecke ist das Vereinsvermögen auf die in § 2 der Satzung genannten steuerbegünstigte Einrichtung/Körperschaft zu überführen. oder

1. Bei Auflösung des Vereins/Wegfall der steuerbegünstigten Zwecke ist das Vereinsvermögen zu steuerbegünstigten Zwecken zu

verwenden. Beschlüsse über die künftige Verwendung des Vermögens dürfen erst nach Einwilligung durch das Finanzamt ausgeführt werden.

2. Als Liquidatoren werden die im Amt befindlichen vertretungsberechtigten Vorstandsmitglieder bestimmt, soweit die Mitgliederversammlung nichts anderes abschließend beschließt.

Vorstehender Satzungsinhalt wurde von der Gründungsversammlung am ______________ beschlossen.

Die Gründungsmitglieder des Vereins zeichnen wie folgt:

1. ____________________________

2. ____________________________

3. ____________________________

4. ____________________________

5. ____________________________

6. ____________________________

7. ____________________________

17 Steuerliche Mustersatzung

§ 1 Der .... mit Sitz in .... verfolgt ausschließlich und unmittelbar – gemeinnützige – mildtätige – kirchliche – Zwecke (nicht verfolgte Zwecke streichen) im Sinne des Abschnitts „Steuerbegünstigte Zwecke“ der Abgabenordnung. Zweck des Vereins ist .... z.B. die Förderung von Wissenschaft und Forschung, Bildung und Erziehung, Kunst und Kultur, des Umwelt-, Landschafts- und Denkmalschutzes, der Jugend- und Altenhilfe, des öffentlichen Gesundheitswesens, des Sports, Unterstützung hilfsbedürftiger Personen).

Der Satzungszweck wird verwirklicht insbesondere durch ..... (z. B. Durchführung wissenschaftlicher Veranstaltungen und Forschungsvorhaben, Vergabe von Forschungsaufträgen, Unterhaltung einer Schule, einer Erziehungsberatungsstelle, Pflege von Kunstsammlungen, Pflege des Liedgutes und des Chorgesanges, Errichtung von Naturschutzgebieten, Unterhaltung eines Kindergartens, Kinder-, Jugendheimes, Unterhaltung eines Altenheimes, eines Erholungsheimes, Bekämpfung des Drogenmissbrauchs, des Lärms, Errichtung von Sportanlagen, Förderung sportlicher Übungen und Leistungen).

§ 2 Der Verein ist selbstlos tätig; er verfolgt nicht in erster Linie eigenwirtschaftliche Zwecke.

§ 3 Mittel des Vereins dürfen nur für die satzungsmäßigen Zwecke verwendet werden. Die Mitglieder erhalten keine Zuwendungen aus Mitteln des Vereins.

§ 4 Es darf keine Person durch Ausgaben, die dem Zweck der Körperschaft fremd sind, oder durch unverhältnismäßig hohe Vergütungen begünstigt werden.

§ 5 Bei Auflösung des Vereins oder bei Wegfall steuerbegünstigter Zwecke fällt das Vermögen des Vereins

a) an – . .. . (Bezeichnung einer Körperschaft des öffentlichen Rechts oder einer anderen steuerbegünstigten Körperschaft) die es unmittelbar und ausschließlich für gemeinnützige, mildtätige oder kirchliche Zwecke zu verwenden hat.

oder
b) an eine Körperschaft des öffentlichen Rechts oder eine andere steuerbegünstigte Körperschaft (Angabe eines bestimmten gemeinnützigen, mildtätigen oder kirchlichen Zwecks, z.B. Förderung von Wissenschaft und Forschung, Bildung und Erziehung o. ä.)

Alternative zu § 5 Kann aus zwingenden Gründen der künftige Verwendungszweck jetzt noch nicht angegeben werden (§ 61 Abs. 2 AO), so kommt folgende Bestimmung über die Vermögensbindung in Betracht: „Bei Auflösung des Vereins oder bei Wegfall steuerbegünstigter Zwecke ist das Vermögen zu steuerbegünstigten Zwecken zu verwenden. Beschlüsse über die künftige Verwendung des Vermögens dürfen erst nach Einwilligung des Finanzamts ausgeführt werden.“

18 Formulare zur Vereinsgründung

18.1 Wichtige Adressen

Funktion/Institution	Abt./ Nr. etc.	Ansprechpartner: Name, Adresse, Telefon/Fax
Stadt/Gemeindeverwaltung		
Kreisverwaltung		
Landesregierung		
Finanzamt		
Amtsgericht/ Vereinsregister		
Sparkasse		
Bundestags-Abgeordnete(r)		
Landtagsabgeordnete(r)		
Kreisverband		
Landesverband		
Bundesverband		
Steuerberater		
Rechtsanwalt/ Notar		

18.2 Gesprächs-Vorbereitung zur Gewinnung von Gründungsmitgliedern

<table>
<tr><td colspan="3">Thema:</td></tr>
<tr><td colspan="3"></td></tr>
<tr><td colspan="3"></td></tr>
<tr><td colspan="3"></td></tr>
<tr><td colspan="2">Erforderliche Unterlagen:</td><td>Vorhanden</td></tr>
<tr><td colspan="2"></td><td></td></tr>
<tr><td colspan="2"></td><td></td></tr>
<tr><td>Maximalziel</td><td colspan="2">Minimalziel</td></tr>
<tr><td></td><td colspan="2"></td></tr>
<tr><td>Argumente dafür</td><td colspan="2">Argumente dagegen</td></tr>
<tr><td></td><td colspan="2"></td></tr>
<tr><td></td><td colspan="2"></td></tr>
</table>

18.3 Besprechungs-Protokoll der Vorbesprechung

Vom:

Teilnehmer:		
Ergebnis:		
Zu erledigen	durch:	bis zum:

18.4 Mögliche Vorstandsbesetzung

Funktion	Name, Adresse	Telefon/Fax	Einverstanden

18.5 Checkliste Vorbereitung der Gründungsversammlung

	Vorgang	Zuständig	T.
1 .	Allgemeine Terminsituation klären (Andere Vereine etc.)		
2 .	Möglichen Termin mit vorgesehenem Vorstand und wichtigen Gründungsmitgliedern abstimmen		
3 .	Termin festlegen		
4 .	Veranstaltungsort auswählen und reservieren		
5 .	Erforderliche Genehmigungen einholen		
6 .	Ablauf grob festlegen		
7 .	Personellen und sächlichen Aufwand festlegen		
8 .	Kosten kalkulieren		
9 .	Zuständigkeitsbereiche und Aufgaben verteilen		
10 .	Mit Wirt Speisen und Getränke abstimmen		
11 .	Tagesordnung im vorgesehenem Vorstand vorbesprechen		
12 .	Satzungsentwurf mit vorgesehenem Vorstand vorbesprechen		
13 .	Einladungsliste mit vorgesehenem Vorstand vorbesprechen		
14 .	Einladungen an die wichtigen Gründungsmitglieder (mit Satzungsentwurf) versenden		

15 .	Weitere Interessierte in geeignete Form einladen (Aufruf Presse etc.)		
16 .	Pressevertreter einladen (incl. TO)		
17 .	Entscheidung über Zulassung von Anträgen (Satzung)		
18 .	Technische Hilfsmittel vorbereiten (Stimmzettel, Anwesenheitsliste etc.)		
19 .	Unterlagen vorbereiten		
20 .			
21 .			
22 .			
23 .			
24.			
25.			
27.			
28.			
29.			
30.			

18.6 Bis zur Gründungsversammlung noch zu erledigen

Datum	Name	Vorgang	Termin bis	erled. am

18.7 Tagesordnung der Gründungsversammlung vom

Lfde. Nr.	Thema	Vortra-gender
1		
2		
3		
4		
5		
6		
7		
8		
9		
10		

18.8 Wortmeldungen zu den Tagesordnungspunkten

Zu TO.Nr.	Name (Erledigt: Durchstreichen; zurückgez: In Klammern)

18.9 Wahlergebnisse

Funktion	**Kandidaten**	**Ja**	**Nein**	**Enth.**	**Angen.**

18.10 Abstimmungsergebnisse zu Sachanträgen

Antrag Nr.:	Antrag (Stichworte)	Ja	Nein	Enth.

M = Mit Mehrheit angenommen

E = Einstimmig angenommen

A = Abgelehnt

19 Muster-Finanzordnung

§ 1 Haushaltsplan

Zu Beginn eines jeden Haushaltsjahres sind die zu erwartenden Einnahmen und Ausgaben in einem Haushaltsplan zu veranschlagen und dem Haushaltsabschluss des vergangenen Jahres gegenüberzustellen. Der Haushaltsplan ist nach sachlichen Gesichtspunkten und klar zu gliedern. Kleinere Posten können zusammengefasst werden, größere oder außergewöhnliche Posten sind schriftlich zu erläutern.

Der Haushaltsplan wird vom Schatzmeister im Einvernehmen mit dem 1.Vorsitzenden nach Beratung und Genehmigung durch den Vorstand der Mitgliederversammlung zur Beratung und Verabschiedung vorgelegt. Die Haushaltsansätze sollen vorsichtig vorgenommen werden.

§ 2 Haushaltsabschluss

Zum Ende eines jeden Rechnungsjahres ist ein entsprechender Haushaltsabschluss zu erstellen. Die tatsächlichen Einnahmen und Ausgaben sind den Ansätzen im Haushaltsplan gegenüberzustellen. Vermögen und Verbindlichkeiten sind zu ermitteln und in einem Status zu dokumentieren.

Der Haushaltsabschluss wird vom Schatzmeister nach Beratung und Genehmigung durch den Vorstand der Mitgliederversammlung zur Genehmigung vorgelegt.

§ 3 Rechnungsführung

Für die Rechnungsführung ist unbeschadet der Gesamtverantwortung des Vorstandes der Schatzmeister verantwortlich. Die Führung von Kassen und Konten des Vereines außerhalb der eigenen Rechnungsführung ist untersagt. Konten bei Dritten müssen auf den Namen des Vereins lauten.

Der Vorstand kann einzelnen seiner Mitglieder besondere Aufgabenbereiche, Handlungskompetenzen und Kontovollmachten übertragen.

§ 4 Buchführung

Die Buchführung des Vereins muss nach den handelsrechtlichen Grundsätzen ordnungsgemäßer Buchführung (GoB) erfolgen.

Für die sachliche und rechnerische Richtigkeit von Belegen und daraus resultierenden Buchungen zeichnet der jeweilige Auftraggeber im Rahmen der ihm übertragenen Aufgabenbereiche, Vollmachten und Kompetenzen verantwortlich.

Der Schatzmeister hat in jeder Vorstandssitzung über seinen Aufgabenbereich zu berichten. Einzelnen Vorstandsmitgliedern sind jederzeitige Kontrollen und Einsichtnahme in alle Beleg- und Buchungsunterlagen zu ermöglichen.

§ 5 Verwendung der Mittel

Die Mittel des Vereins dürfen nur für satzungsgemäße Zwecke verwendet werden.

Der Vorstand und die mit Kompetenzen und Vollmachten ausgestatteten Personen sind bei allen Ausgaben an den genehmigten Haushaltsplan gebunden.

Sofern Verpflichtungen vorgenommen werden sollen, die den Verein über das Haushaltsjahr hinaus binden, ist die Zustimmung des satzungsmäßig zuständigen Organs erforderlich. Der Geschäftsabschluss ist zuvor im Vorstand zu beraten.

In begründeten Fällen kann der Vorstand notwendige, aber nicht im Haushaltsplan vorgesehene Ausgaben genehmigen, sofern eine Deckung vorhanden ist.

Zulässig ist auch eine gleichzeitige Kürzung oder Streichung anderer vorgesehener Ausgaben. Der nächsten Mitgliederversammlung ist über die Abweichung vom Haushaltsplan zu berichten.

§ 6 Abrechnungsvorschriften

Verauslagte erstattungsfähige Kosten werden nur anhand von Kostenaufstellungen erstattet, die spätestens innerhalb von 2 Monaten vorgelegt werden müssen. Dies gilt auch für die Abrechnung von Kostenpauschalen ohne Einzelnachweis. Die Kosten müssen vorher durch den Vorstand genehmigt werden.

§ 7 Kassenprüfung

Die Buchführung eines jeden Haushaltsjahres ist durch zwei von der Mitgliederversammlung gewählte Kassenprüfer zu prüfen. Die Prüfung muss nach Abschluss des Rechnungsjahres vorgenommen werden. Über jede Prüfung ist ein Protokoll durch die gewählten Kassenprüfer zu erstellen, das dem Vorstand vorzulegen ist. Ein zusammengefasster Prüfungsbericht mit allgemeinen Angaben über die Ordnungsmäßigkeit der Kassenführung und die finanzielle Situation des Vereins ist von den Kassenprüfern der Mitgliederversammlung schriftlich vorzulegen.

Auf Antrag der Kassenprüfer beschließt die Mitgliederversammlung die Entlastung des Vorstandes.

§ 8 Schlussbestimmungen

Der Vorstand kann Änderungen dieser Finanzordnung beschließen. Änderungen sind der Mitgliederversammlung zur Kenntnis zu geben.

20 Muster-Sitzungsordnung

§ 1 Gültigkeitsbereich

Die Sitzungsordnung gilt für Mitgliederversammlung, Vorstandssitzung (Geschäftsführender Vorstand und Erweiterter Vorstand) Ältestenrat und vom Vorstand oder der Mitgliederversammlung eingesetzte Ausschüsse, soweit nicht in der Satzung etwas anderes geregelt ist.

Sie gilt für alle Sitzungen, in denen Informationen gegeben oder Beschlüsse gefasst werden.

Die Vorschriften der Satzung werden hiervon nicht berührt.

§ 2 Einladungen. Leitung und Teilnehmerkreis

Zu Sitzungen wird durch Aushang am ``Schwarzen Brett" und/oder durch Veröffentlichung im Wochenblatt mindestens 7 Tage vorher eingeladen. Für die Mitgliederversammlungen gelten die in der Satzung festgelegten Bestimmungen.

Sitzungen werden durch den Vorsitzenden oder dessen Vertreter geleitet. Sind beide verhindert, wird zu Beginn der Sitzung ein Versammlungsleiter gewählt.

Sitzungen sind für alle Vereinsmitglieder öffentlich, soweit nichts anderes beschlossen wird.

§ 3 Beschlussfähig

Soweit die Satzung nichts anderes vorschreibt, sind die Organe und Ausschüsse bis zu 100 Mitgliedern beschlussfähig, wenn mehr als ein Fünftel ihrer Mitglieder, die Organe und Ausschüsse mit über 100 Mitgliedern, wenn mehr als ein Zehntel, mindestens jedoch 20 Mitglieder anwesend sind.

Die Beschlussfähigkeit ist zu Beginn jeder Sitzung vom Versammlungsleiter festzustellen.

§ 4 Tagesordnung

Die Tagesordnung ist in der bekannt gegebenen Reihenfolge zu behandeln. Änderungen und Ergänzungen müssen vor Eintritt in die Tagesordnung beschlossen werden.

§ 5 Anträge und Abstimmungen

Anträge können nur durch die Mitglieder der Organe, Ausschüsse und Gremien gestellt werden.

Anträge sind schriftlich oder mündlich spätestens so rechtzeitig zu stellen, dass sie zu Beginn der Sitzung in die Tagesordnung aufgenommen werden können.

Anträge, die nicht auf der Tagesordnung stehen, können nur dann behandelt werden, wenn mehr als die Hälfte der Stimmberechtigten zustimmt. (Dringlichkeitsanträge).

Anträge auf Verbesserung des Wortlautes in einem bereits gestellten Antrag können jederzeit eingebracht werden. Gleiches gilt für Gegenanträge zu den bereits auf der Tagesordnung stehenden Anträgen.

Zu erledigten Anträgen darf das Wort nicht mehr erteilt werden, es sei denn, dass mehr als die Hälfte der Stimmberechtigten zustimmt.

Über den weitestgehenden Antrag ist stets zuerst abzustimmen.

Geschäftsordnungsanträge sind sofort zu behandeln. Wortmeldungen zur Geschäftsordnung erfolgen durch hochheben beider Hände. Geschäftsordnungsanträge sind insbesondere:
7.1) Anträge zur Tagesordnung
7.2) Anträge auf Verweis des Antrags zur Behandlung im Vorstand oder in einem Ausschuss
7.3) Anträge auf Schluss der Sitzung. Bereits aufgerufene Tagesordnungspunkte müssen in jedem Fall ordnungsgemäß abgehandelt werden.
7.4) Anträge auf Schluss der Rednerliste. Ein Redner der bereits zur Sache gesprochen hat, kann den Antrag nicht stellen.
7.5) Anträge auf Schluss der Debatte. Ein Redner, der bereits zur Sache gesprochen hat, kann diesen Antrag nicht stellen.

Abstimmungen werden durch Akklamation oder Handaufheben vorgenommen.

§ 6 Worterteilungen

Bei allen Sitzungen ist vom Protokollführer eine Rednerliste zu führen. Antragsteller oder Berichterstatter erhalten als erste und letzte das Wort. Der Vorsitzende kann außer der Reihe das Wort ergreifen.

Rednern, die nicht zur Sache sprechen oder sich ungebührlich verhalten kann vom Versammlungsleiter nach einer Verwarnung bei Fortsetzung des beanstandeten Verhaltens das Wort für einen Tagesordnungspunkt entzogen werden.

Bei groben Verstößen und Störungen kann der Versammlungsleiter einen Teilnehmer von der Sitzung ausschließen.

§ 7 Niederschriften

Soweit kein Protokollführer bestellt ist, kann er vom Versammlungsleiter ernannt werden.

Über alle Sitzungen ist ein Ergebnisprotokoll zu fertigen. Soweit einzelne Teilnehmer dies Wünschen, können ihre Erklärungen zu einzelnen Tagesordnungspunkt in das Protokoll aufgenommen werden. Das Protokoll ist innerhalb von 14 Tagen ab Sitzungstag fertig zustellen; es ist vom Protokollführer und dem Versammlungsleiter zu unterzeichnen.

Bei Abstimmungsergebnissen, denen eine Stimmauszählung zugrunde liegt, ist das Ergebnis in der Niederschrift festzuhalten.

Eine Ausfertigung des Protokolls ist innerhalb von vier Wochen ab Sitzungstag zuzustellen:
a) Mitgliederversammlung: Dem Vorstand Gesamtverein und dem erweiterten Vorstand Gesamtverein
b) Vorstandssitzung: Den Mitgliedern
c) Erweiterter Vorstand: Den Mitgliedern
d) Abteilungsversammlung: Den Mitgliedern des Abteilungsvorstands und den Mitgliedern des Vorstands Gesamtverein
e) Abteilungsvorstand: Den Mitgliedern und dem Vorstand Gesamtverein
f) Ältestenrat: Den Mitgliedern und dem Vorsitzenden Gesamtverein und dem Geschäftsführer
g) Ausschüsse: Den Mitgliedern und dem Vorstand Gesamtverein

Eine Ausfertigung aller Protokolle ist vom Geschäftsführer gesichert aufzubewahren.

21 Der Vortrag zur Vereinsgründung

21.1 Wenn nicht alle informiert sind

Sie möchten sicher die geladenen potentiellen Gründungsmitglieder in einem Vortrag auf den neuen Verein einstimmen. Dies ist zumindest immer dann der Fall, wenn eine größere Anzahl Teilnehmer erwartet werden, die nicht alle ausreichend über die Aufgaben und Strukturen des neuen Vereins vorab informiert werden konnten.

21.2 Der Anfang ist schwer

Auf die Einleitung, mit der Sie Ihren Vortrag beginnen, sollten Sie besonders viel Sorgfalt verwenden. Der erste Eindruck ist bei den Zuhörern der wichtigste, aber auch den Vortragenden motiviert es, wenn er bei den einleitenden Sätzen bereits eine positive Resonanz unter den Zuhörern verspürt.

Auch hier gilt: Die Anrede muss korrekt sein. Wenn man Probleme mit den Namen und der Rangfolge hat, ist ein korrektes "Meine sehr verehrten Damen und Herren" immer richtig. Ihr eigentliches Thema Können Sie in einer schon "bei den alten Römern" üblichen Art und Weise aufbauen:

- Wer und was;
- dafür und dagegen;
- Vergleiche, Beispiele und Beweise.

21.3 Wer und Was

Bedenken Sie, zu wem Sie sprechen. Erwarten Sie eine grundsätzlich positive Stimmung oder überwiegen die Skeptiker. Dies hat Einfluss auf den Stil (von förmlich bis locker) und auf den Inhalt (sehr fachbezogen bis persönlich und motivierend) Ihres Vortrages.

Bestimmte Aussagen müssen zu dem von Ihnen gewählten Thema gemacht werden, andere können je nach Stimmung der Versammlung und nach der noch zur Verfügung stehenden Zeit eingefügt werden. Ist im Anschluss an Ihren Vortrag eine Diskussion vorgesehen, kann es ratsam sein, das eine oder andere gute Argument dafür zurückzuhalten. Es ist immer gut, wenn man noch einen Pfeil im Köcher hat.

21.4 Dafür und Dagegen

In diesem Bereich werden Sie genau analysieren, welche Argumente und Fakten für Ihren Vorschlag sprechen und welche dagegen. Gegenargumente müssen Sie nicht bringen, aber darauf vorbereitet sein. Wenn Sie auch die Gegenargumente vortragen - und dann entkräften - wollen, stellen Sie sie an den Anfang, damit die Argumente für Ihr Anliegen bei den Zuhörern haften bleiben.

21.5 Vergleiche, Beispiele, Beweise

Es ist zwar ein alter Hut, die Überzeugungswirkung scheint jedoch nach wie vor ungebrochen: Das machen die anderen auch so (nicht so), das haben wir schon immer so (noch nie so) gemacht. Darum sollten Sie in Ihre Argumentationskette möglichst einflechten, wie es die anderen machen (natürlich nur, wenn sie es so machen, wie Sie es vorhaben) und wie es bisher (eher unbefriedigend?) lief.

Beweis zu führen ist natürlich schwieriger, als Vergleiche und Beispiele anzuführen. Bewährt haben sich statistische Belege: Durch Gründung eines „Stadtmarketing Vereins" sind die Übernachtungszahlen im Nachbarort um 30 % gestiegen. Nach dem hier vorliegenden Tilgungsplan unserer Hausbank ist das Darlehen zur Finanzierung der Tennisplätze in 10 Jahren zurückgezahlt (Tilgungsplan für alle sichtbar hochhalten).

Ob Sie alle diese genannten Punkte in Ihrem Vortrag oder Ihrer Rede verwenden sollten oder welche Reihenfolge sie wählen, ist sicher irgendwann eine Frage der individuellen Erfahrung. Aber es ist leichter - und beruhigender – ausreichend vorbereitet zu sein und dann eventuell zu kürzen, als in kritischen Situationen zu improvisieren.

21.6 Ende gut, alles gut

Auf einen ordentlichen Schluss können Sie jedoch nicht verzichten. Fassen Sie Ihren Vortrag noch einmal kurz zusammen und heben Sie dabei Ihre Hauptaussage deutlich hervor. (Ohne erneute Begründung!) Das eigentliche Schlusswort sollte nicht länger als zwei Sätze sein: Bedanken bei den Zuhörern für Ihre Geduld und Aufmerksamkeit.

22 Pressearbeit zur Vereinsgründung

22.1 Aktuell

Bemühen Sie sich um Aktualität. Ihr Bericht von der Vereinsgründung sollte so eingereicht werden, dass sie spätestens zwei Tage später in der Tageszeitung veröffentlicht werden können. Evtl. geht auch eine Vorabinformation, dann kann ein ausführlicher schriftlicher Bericht folgen.

22.2 Vollständig

Sorgen Sie für Vollständigkeit Ihrer Texte. Versehen Sie sie mit Name, Anschrift, Telefonnummer (für Rückfragen) und Funktion des Absenders.

22.3 Logischer Aufbau

22.3.1 Klar nach 5 Sätzen

Sorgen Sie für einen logischen Aufbau und gute Leserlichkeit Ihrer Texte. Machen Sie gleich in den ersten fünf Sätzen klar, um was es geht, kommen Sie nicht über unendliche Schilderungen erst auf Seite drei zum Wesentlichen. Berücksichtigen Sie die berühmten "fünf W's" des Journalismus: Wer, was, wann, wo und warum.

22.3.2 Von Anfang bis Ende

Achten Sie darauf, dass Ihre Angaben von Anfang bis Ende den gleichen logischen Aufbau haben.

22.4 Auf das Wesentliche Beschränken

Beschränken Sie sich aufs Wesentliche. Oft genügen Stichworte, denn das Ausformulieren übernimmt auch schon mal die Redaktion. Je kürzer und präziser ein Text abgefasst ist, desto größer ist seine Chance, bereits am nächsten Tag in der Zeitung zu stehen.

22.5 Ankündigungen rechtzeitig

22.5.1 Mindestens eine Woche

Achten Sie darauf, dass Ankündigungen zu Ihrer Gründungsversammlung rechtzeitig in der Redaktion eintreffen, am besten eine Woche im Voraus, spätestens aber am Mittwoch vor der Versammlung. Nur dann ist eine rechtzeitige Vorankündigung und eine Berücksichtung in den verschiedenen Terminübersichten sowie eventuell ein Besuch Ihrer Veranstaltung durch einen Vertreter der Presse zwecks Nachberichterstattung möglich.

22.5.2 Immer schriftlich

Einladungen an die Presse zu Ihrer Gründungsversammlung bitte immer schriftlich einreichen. Das muss kein eigener Text sein, es genügt eine Kopie der Einladung.

22.5.3 Terminabsprachen

Terminabsprachen, auch und vor allem wegen Fotos, nur mit der Redaktion treffen, Sie können auch eigene Fotos, z. B. der neue Vorstand, einreichen, sofern die technische Qualität stimmt. Bemühen Sie sich um lebendige Bilder, vielleicht aus der Diskussion.

23 Wie geht's weiter

23.1 Anzeige- und Meldepflichten

Die Gründung Ihres Vereins ist folgenden Stellen zu melden:

- Finanzamt (Satzung beifügen)
- Amtsgericht (nur e.V.) – Formvorschriften beachten – der Anmeldung sind die Satzung und der Nachweis über die Bestellung des Vorstands beizufügen. Das Anschreiben ist notariell zu beglaubigen.
- Berufsgenossenschaft (auch Mitteilung, dass z.Zt. keine Beschäftigten)
- Gemeinde, Stadtverwaltung (insbesondere, wenn Zweckbetrieb oder wirtschaftlicher Geschäftsbetrieb) meldepflichtige Veranstaltungen
- Verband (falls ein Bundes- oder Landesverband besteht – zur Information – Beitritt prüfen)

23.2 Muster-Anmeldung Vereinsregister

An das
Amtsgericht – Registergericht

Betr.: Erstanmeldung zum Vereinsregister

Zur Eintragung in das Vereinsregister melden wir den Verein (vollständiger Name mit e. V.-Zusatz) mit Sitz in ... an.
Zu Vorstandsmitgliedern im Sinne des § 26 BGB sind bestellt:
...
(vollständige Adressen mit Berufsbezeichnung)
Beigefügt sind:
a) Urschrift der Satzung
b) Abschrift (Fotokopie) der Satzung
c) Abschrift (Fotokopie) des Gründungsprotokolls
Die genaue Anschrift des Vereins lautet ... Die vorläufige Anerkennung als gemeinnütziger Verein wird beim Finanzamt beantragt und eine entsprechende Bescheinigung nachgereicht.
Der Vorstand zeichnet wie folgt:
1. ...
2. ...

(Beglaubigungsvermerk des Notars)

23.3 Richtig versichern

Zunächst ist darauf zu achten dass ein ausreichender Haftpflicht-Versicherungsschutz gewährleistet wird; die Betriebs- oder Vereinshaftpflicht bietet hier meist ein ausreichendes "Paket" für

- Personen-, Sach- und Vermögensschäden

An zweiter Stelle steht die Versicherung der für den Verein tätigen Personen gegen "Arbeitsunfälle", wobei sorgfältig zu prüfen ist, ob nicht der Versicherungsschutz der gesetzlichen

- Unfallversicherung

bereits für ausreichend gehalten wird. Die

- Vertrauensschadenversicherung

schützt den Verein z.B. dann, durch das Verschulden eines Mitarbeiters des Vereins (auch ehrenamtlich) dem Verein ein Vermögensschaden zugefügt wird.

Für wichtig halten wir auch eine Rechtsschutzversicherung. Diese deckt, im vereinbarten Umfang, die Kosten, wenn der Verein einen Prozess führen muss. Eingeschlossen werden können:

- Schadenersatz-Rechtsschutz,
- Arbeitsrechtsschutz,
- Strafrechtsschutz,
- Sozialgerichts-Rechtsschutz,
- Vertrags-Rechtsschutz,
- Mietrechtsschutz und
- Verkehrsrechtsschutz.

Schließlich ist zu prüfen, inwieweit Sachwerte (Inventar, Gebäude) gegen bestimmte Risiken versichert werden sollen. Dies sind in der Regel

- Feuerversicherung
- Einbruchdiebstahlversicherung
- Leitungswasser-, Sturm- und Glasversicherung

23.4 Beachten Sie die Rechte der GEMA

Unter diesem Kürzel verbirgt sich die Gesellschaft für musikalische Aufführungs- und mechanische Vervielfältigungsrechte; sie vertritt die Rechte der ihr angeschlossenen Komponisten, Textdichter und Musikverleger, also Musikurheber.

Daher gilt, dass, egal welche Musik öffentlich (oder im privaten Kreis ab 30 Personen) läuft, egal wer diese Musik aufführt, die GEMA die betreffende Veranstaltung mit ihrem fest geregelten Vergütungssatz belegen kann. Rechtlich abgestützt ist dies über das Urheberrechtsgesetz (§§ 97 und 106).

Sie können abschließen:

- Einzelverträge für Einzelveranstaltungen
- Pauschalverträge bei regelmäßigen Musikaufführungen

Die GEMA hat mit vielen Spitzenorganisationen wie z.B. den Wohlfahrtsverbänden Gesamtverträge abgeschlossen; hier gelten dann ermäßigte Vergütungssätze.

Die Kriterien für die Bemessung der Gebühren sind:

- Raumgröße,
- Höhe des Eintrittspreises,
- Art und Dauer der Veranstaltung.

Die Anmeldung einer entsprechenden Veranstaltung erfolgt über die zuständige GEMA–Bezirksdirektion; dort kann auch die aktuelle Gebührengestaltung erfragt werden.

Die Adresse der zuständigen Bezirksdirektion ist bei der GEMA–Generaldirektion, Rosenheimer Str. 11, D-81667 München, Telefon (0 89) 4 80 03–00 zu erfahren.

Achtung: »Die Vergütungspflicht entfällt für Veranstaltungen der Jugendhilfe, der Sozialhilfe, der Alten- und Wohlfahrtspflege, der Gefangenenbetreuung sowie für Schulveranstaltungen, sofern sie nach ihrer sozialen oder erzieherischen Zweckbestimmung nur einem bestimmt abgegrenzten Kreis von Personen zugänglich sind. Dies gilt nicht, wenn die Veranstaltung dem Erwerbszweck dient.« (§ 52 Urheberrechtsgesetz)

Kommt die GEMA dahinter (über Pressemeldungen u.ä.), darf sie die doppelte Vergütung verlangen. Für die Forderungen der GEMA haften nicht nur der Verein nach §§ 31, 831 BGB, sondern auch der Verein und der Vereinsvorstand gesamtschuldnerisch nach § 840 BGB.

24 Die Buchführung muss sein

24.1 Jeder Verein braucht eine Buchführung.

Das scheint aber der einzige diskussionsfreie Satz zu diesem Thema zu sein. Denn leider - oder Gott sei Dank - gibt es wenig konkrete Vorschriften, wie eine Vereinsbuchführung auszusehen hat. Das Finanzamt, das heißt das Handels- und Steuerrecht verlangt eine Buchführung erst, wenn eines der folgenden drei Kriterien für den wirtschaftlichen Geschäftsbetrieb des Vereins zutrifft:

Umsatz einschließlich der steuerfreien Umsätze mind. 260.000 €

Betriebsvermögen von mehr als 65.000 €

Gewinn im Geschäftsjahr mehr als 25.000 €

Grenzen, die nur wenige Vereine erreichen. Die Verpflichtung der Vereine zur Buchführung besteht gleichwohl, sie resultiert der Verpflichtung des Vorstands, Rechenschaft über die Geschäftsführung abzulegen. Sie als Vorstand müssen jederzeit in der Lage sein, über den Vermögensstand des Vereins Auskunft zu geben, und, Sie müssen sicher sein, dass Ihr Verein nicht überschuldet ist, da Sie sonst verpflichtet sind, den Gang zum Konkursrichter anzutreten. Daraus und aus den steuerlichen Verpflichtungen resultiert die Pflicht zur Rechnungslegung, die durch die vollständige Aufzeichnung und geordnete Zusammenstellung sämtlicher Geschäftsvorfälle erfüllt wird.

24.2 Der Vorstand ist verantwortlich

Der Vorstand des Vereins ist verantwortlich für die ordnungsgemäße Buchführung, die fristgerechte Abgabe der Steuererklärungen und die pünktlich Zahlung der erhobenen Steuern. Verletzt der Vereinsvorstand vorsätzlich oder grob fahrlässig diese Pflichten, haftet er als gesetzlicher Vertreter persönlich für die Steuerschulden. Sogar wenn er nicht mehr im Amt ist, kann er für Steuerschulden, die aus seiner Amtszeit herrühren, haftbar gemacht werden. Darum sollten Sie im

Hinblick auf eine ordnungsgemäße Buchführung keine Kompromisse machen und sich vielleicht auch der nachfolgend beschriebenen zusätzlichen Auswertungen und Hilfsmittel bedienen, um eine fachgerechte Geschäftsführung nachzuweisen.

24.3 Kriterien für das Buchführungssystem

Hinsichtlich der Qualität Ihrer Buchführung orientieren Sie sich an § 145 AO: Eine Buchführung muss so beschaffen sein, dass sie einem sachverständigem Dritten (Im Verein ist das zunächst der Kassenprüfer aber dann auch der Prüfer des Finanzamtes) innerhalb angemessener Zeit einen Überblick über die Geschäftsvorfälle und über die Lage des Vereins vermitteln kann. Die Geschäftsvorfälle müssen sich in ihrer Entstehung und Abwicklung verfolgen lassen. Die Aufzeichnungen sind so vorzunehmen, dass der Zweck, den sie für die Besteuerung erfüllen sollen, erreicht wird.

Ein bestimmtes System der Buchführung ist dem Verein nicht vorgeschrieben, die folgenden Kriterien müssen aber erfüllt sein:

- Die Aufzeichnungen müssen vollständig, wahr und zeitnah erfolgen
- Die einzelnen Buchungsvorgänge müssen ausreichend erläutert sein

Mit steigendem Umfang werden die Anforderungen an die Aussagefähigkeit der Buchführung höher. Aber schon bei kleineren Vereinen müssen die verschiedenen Vereinsbereiche getrennt erfasst werden (ideeller Bereich, Vermögensverwaltung, Zweckbetrieb). Die Entwicklung der Rücklagen muss nachvollziehbar sein. Und zu jedem Geschäftsvorfall muss ein Beleg vorhanden sein.

Die Vereinsbuchführung muss so gestaltet und organisiert werden, dass der Vorstand die für ihn wichtigen Informationen zeitnah erhalten kann:

24.4 Welche Informationen braucht der Vorstand

24.4.1 Als Geschäftsführungsorgan

- Übersteigen die Vermögenswerte die Schulden (Keine Überschuldung)
- Ist die Zahlungsfähigkeit für die nächsten Monate gegeben. (Liquiditätsplan)
- Wird der Haushaltsplan/Finanzplan eingehalten

24.4.2 Aus steuerlichen Vorschriften:

- Getrennte Erfassung der Vereinsbereiche
- Ideeller Bereich
- Vermögensverwaltung
- Wirtschaftlicher Geschäftsbetrieb
- Wichtig: Eine Subvention des wirtschaftlichen Geschäftsbetriebs durch steuerbefreite Bereiche gefährdet die Gemeinnützigkeit.
- Nachweis, dass die dem Verein zugegangenen Spenden ausschließlich für steuerbegünstigte Zwecke ausgegeben wurden.
- Ist der Verein Umsatzsteuerpflichtig
- Ist der Verein Körperschaft- und Gewerbesteuerpflichtig
- Muss der Verein Lohnsteuer und evtl. Sozialversicherungsbeiträge abführen.
- Wie hoch sind die Mittel, die ausgegeben werden für
- Jugendarbeit
- Mitgliederbetreuung
- Vereinsverwaltung
- Einzelne Abteilungen des Vereins

Um einen Überblick über die Vermögenswerte des Vereins zu haben, sollten Sie auf eine Inventarliste zurückgreifen können. Und besonders wichtig: Wie hoch sind die Forderungen aus rückständigen Beiträgen.

Hinweis: Der Verein muss nur Steuererklärungen abgeben, wenn er steuerpflichtige Tatbestände erfüllt hat. Verantwortlich für die Abgabe der Steuererklärungen ist der Vorstand. Die Buchführung muss belegen, dass erhobenen Steuern auch gezahlt wurden.

25 Aufzählung begünstigte Zwecke n. § 48 EStDV

25.1.1 Abschnitt A

1. Förderung der öffentlichen Gesundheitspflege, insbesondere die Bekämpfung von Seuchen und seuchenähnlichen Krankheiten, auch durch Krankenhäuser im Sinn § 67 der Abgabenordnung und von Tierseuchen.

2. Förderung der Jugend und der Altenhilfe.

3. Förderung kultureller Zwecke; dies ist die ausschließliche und unmittelbare Förderung der Kunst, die Förderung der Pflege und Erhaltung von Kulturwerten sowie die Förderung der Denkmalpflege

a die Förderung der Kunst umfasst die Bereiche der Musik, der Literatur, der darstellenden und bildenden Kunst und schließt die Förderung von kulturellen Einrichtungen, wie Theater und Museen, sowie von kulturellen Veranstaltungen, wie Konzerte und Kunstausstellungen, ein.

b Kulturwerte sind Gegenstände von künstlerischer und sonstiger kultureller Bedeutung, Kunstsammlungen und künstlerische Nachlässe, Bibliotheken: Archive sowie andere vergleichbare Einrichtungen.

c die Förderung der Denkmalpflege bezieht sich auf die Erhaltung und Wiederherstellung von Bau- und Bodendenkmälern, die nach den jeweiligen landesrechtlichen Vorschriften anerkannt sind; die Anerkennung ist durch eine Bescheinigung der zuständigen Stelle nachzuweisen.

4. Förderung der Erziehung, Volks- und Berufsbildung einschließlich der Studentenhilfe.

5. Förderung des Naturschutzes und der Landschaftspflege im Sinne des Bundesnaturschutzgesetzes und der Naturschutzgesetze der Län-

der, des Umweltschutzes, des Küstenschutzes und des Hochwasserschutzes.

6. Zwecke der amtlich anerkannten Verbände der freien Wohlfahrtspflege (Diakonisches Werk der Evangelischen Kirche in Deutschland e. V., Deutscher Caritasverband e. V., Deutscher Paritätischer Wohlfahrtsverband e. V., Deutsches Rotes Kreuz e. V., Arbeiterwohlfahrt- Bundesverband e. V., Zentralwohlfahrtsstelle der Juden in Deutschland e. V., Deutscher Blindenverband e. V., Bund der Kriegsblinden Deutschlands e. V., Verband Deutscher Wohltätigkeitsstiftungen e. V., Bundesarbeitsgemeinschaft Hilfe für Behinderte e. V., Verband der Kriegs- und Wehrdienstopfer, Behinderten und Sozialrentner e.V.), ihrer Unterverbände und ihrer angeschlossenen Einrichtungen und Anstalten.

7. Förderung der Hilfe für politisch, rassisch oder religiös Verfolgte, für Flüchtlinge, Vertriebene, Aussiedler: Spätaussiedler, Kriegsopfer, Kriegshinterbliebene, Kriegsbeschädigte und Kriegsgefangene, Zivilbeschädigte und Behinderte sowie Hilfe für Opfer von Straftaten; Förderung des Andenkens an Verfolgte, Kriegs- und Katastrophenopfer einschließlich der Errichtung von Ehrenmalen und Gedenkstätten; Förderung des Suchdienstes für Vermisste.

8. Förderung der Rettung aus Lebensgefahr.

9. Förderung des Feuer-, Arbeits-, Katastrophen- und Zivilschutzes sowie der Unfallverhütung.

10. Förderung der Betreuung ausländischer Besucher in Deutschland, Förderung der Begegnungen zwischen Deutschen und Ausländern in Deutschland, Förderung des Austauschs von Informationen über Deutschland und das Ausland sowie Förderung von Einrichtungen, soweit diese Tätigkeiten oder Einrichtungen dazu bestimmt und geeignet sind, der Völkerverständigung zu dienen.

11. Förderung des Tierschutzes.

12. Förderung der Entwicklungshilfe.

13. Förderung von Verbraucherberatung und Verbraucherschutz.

14. Förderung der Fürsorge für Strafgefangene und ehemalige Strafgefangene.

15. Förderung der Gleichberechtigung von Männern und Frauen.

16. Förderung des Schutzes von Ehe und Familie.

17. Förderung der Kriminalprävention.

25.1.2 Abschnitt B

1. Förderung des Sports.

2. Förderung kultureller Betätigungen, die in erster Linie der Freizeitgestaltung dienen.

3. Förderung der Heimatpflege und Heimatkunde.

4. Förderung der nach § 52 Abs. 2 Nr. 4 der Abgabenordnung gemeinnützigen Zwecke.

26 Auszüge aus dem BGB mit Kommentar

26.1.1 § 26 [Vertretung des Vereins durch den Vorstand]

(1) Der Verein muss einen Vorstand haben. Der Vorstand kann aus mehreren Personen bestehen.

(2) Der Vorstand vertritt den Verein gerichtlich und außergerichtlich; er hat die Stellung eines gesetzlichen Vertreters. Der Umfang seiner Vertretungsmacht kann durch die Satzung mit Wirkung gegen Dritte beschränkt werden

26.1.2 Kommentar

(1)Jeder Verein muss zwingend einen Vorstand haben, der den Verein vertritt und im Namen des Vereins rechtsgeschäftliche Handlun-

gen vornimmt. Die nach innen gerichtete Geschäftsführung kann anders geregelt sein.
Grundsätzlich kann jede natürliche Person, die das 7. Lebensjahr vollendet hat, und damit beschränkt geschäftsfähig ist, Vorstand eines Vereins werden. Ebenso können Ausländer ein Vorstandsamt bekleiden. Die Satzung kann jedoch ein Mindestalter vorschreiben. Unter Beachtung des Diskriminierungsverbots kann die Satzung Einschränkungen der Vorstandsfähigkeit vorsehen. Der Vorstand kann auch aus einer Person bestehen
(2).Wenn nicht anders geregelt, müssen alle Vorstandsmitglieder gemeinsam handeln. Da dies jedoch relativ unpraktikabel ist, schreibt die Satzung meistens eine andere Regelung vor. In der Satzung kann Ihre Vertretungsmacht auch in der Sache rechtswirksam gegenüber Dritten eingeschränkt werden, indem bestimmte Geschäfte überhaupt verboten werden, z.B. Grundstückskäufe, Geldanlagen außerhalb von Kreditinstituten bestimmte Geschäfte eines Beschlusses der Mitgliederversammlung bedürfen, z.B. Kreditaufnahmen, Einstellung von hauptamtliche Mitarbeitern

26.1.3 § 27 [Konstitution. u. Kompet. des Vorstandes]

(1) Die Bestellung des Vorstandes erfolgt durch Beschluss der Mitgliederversammlung.

(2) Die Bestellung ist jederzeit widerruflich, unbeschadet des Anspruchs auf die vertragsmäßige Vergütung. Die Widerruflichkeit kann durch die Satzung auf den Fall beschränkt werden, dass ein wichtiger Grund für den Widerruf vorliegt; ein solcher Grund ist insbesondere grobe Pflichtverletzung oder Unfähigkeit zur ordnungsmäßigen Geschäftsführung.

(3) Auf die Geschäftsführung des Vorstandes finden die für den Auftrag geltenden Vorschriften der §§ 664 bis 670 BGB entsprechende Anwendung.

26.1.4 Kommentar

(1) Die Bestellung des Vorstands erfolgt i.d.R. durch Beschluss mit einfacher Mehrheit in der Mitgliederversammlung die Satzung kann jedoch andere Regelungen vorsehen, z.B. Bestellung durch einen Beirat oder durch ein Kuratorium. Zulässig ist auch die teilweise Ergänzungswahl durch den Vorstand selbst. Unter bestimmten Voraussetzungen (z.B. bei engen rechtlichen und tatsächlichen Beziehungen) ist sogar die Bestellung durch einen Dritten möglich.
(2) Der Vorstand kann jederzeit, auch ohne Angabe von Gründen, abberufen werden. Er kann aber auch jederzeit zurücktreten. ein Rücktritt zur Unzeit, z.B. kurz vor einer von ihm organisierten großen Vereinsveranstaltung, kann ihn jedoch dann u.U. schadensersatzpflichtig machen.
(3) die Satzung kann andere Bestimmungen enthalten, siehe aber auch weiter unten.

26.1.5 § 28 [Fassung der Beschlüsse]

(1) Besteht der Vorstand aus mehreren Personen, so erfolgt die Beschlussfassung nach den für die Beschlüsse der Mitglieder des Vereins geltenden Vorschriften der §§ 32, 34.

(2) Ist eine Willenserklärung dem Vereine gegenüber abzugeben, so genügt die Abgabe gegenüber einem Mitgliede des Vorstandes.

26.1.6 Kommentar

(2) Nicht eingeschränkt werden kann der Vorstand in der so genannten Passivvertretung. Das heißt, die Abgabe einer Willenserklärung einem Vorstandsmitglied gegenüber muss der gesamte Vorstand und damit der Verein gegen sich gelten lassen. Die Kündigung einer Mitgliedschaft, falls sie nicht formgebunden ist, kann mit rechtlicher Wirkung auch nur einem Vorstandsmitglied gegenüber erklärt werden.

26.1.7 § 29 [Amtsgerichtliche Notbestellung]

Soweit die erforderlichen Mitglieder des Vorstandes fehlen, sind sie in dringenden Fällen für die Zeit bis zur Behebung des Mangels auf Antrag eines Beteiligten von dem Amtsgericht zu bestellen, das für den Bezirk, in dem der Verein seinen Sitz hat, das Vereinsregister führt.

26.1.8 Kommentar

Nur, wenn sofortiges Handeln erforderlich ist, um Schaden vom Verein und anderen abzuwehren und der Verein sonst nicht handlungsfähig ist. (z.B. Vorstand ist zurückgetreten, wg. Überschuldung muss Konkursantrag gestellt werden.)
Zuständig ist der Rechtspfleger beim Amtsgericht, der jedoch nur auf Antrag eines Vereinsmitgliedes, eines Gläubigers oder von jedem, der ein Recht gegen den Verein verfolgt, tätig werden darf.
Ein Antrag kann gestellt werden, wenn der Verein handlungsunfähig ist durch Tod, längere Krankheit, längere Abwesenheit oder grundsätzlich Verweigerung der Geschäftsführung eines, mehrerer oder aller Vorstandsmitglieder.
Ein Antragsgrund liegt nicht vor, wenn der Vorstand in bestimmten Fällen ein Handeln ablehnt, wenn es Differenzen innerhalb des Vorstands gibt, der Vorstand vermeintlich Unfähig ist sogar treuwidrige Handlungen vornimmt. Hier muss zunächst der Verein im Rahmen seiner Möglichkeiten tätig werden.

26.1.9 § 30 [Durch Satzung bestellbare bes. Vertreter]

Durch die Satzung kann bestimmt werden, dass neben dem Vorstande für gewisse Geschäfte besondere Vertreter zu bestellen sind. Die Vertretungsmacht eines solchen Vertreters erstreckt sich im Zweifel auf alle Rechtsgeschäfte, die der ihm zugewiesene Geschäftskreis gewöhnlich mit sich bringt.

26.1.10 Kommentar

Es gibt es im Verein vielfältige Aufgaben, die nicht immer vom Vorstand erledigt werden müssen. Nehmen wir zum Beispiel die Aufgaben der Abteilungsleiter in einem Mehrspartenverein, des Jugendwartes, des Verantwortlichen für das Clubheim oder eines außerhalb des Vorstands beauftragten Geschäftsführers oder des Leiters der Vereinsgeschäftsstelle.

Das Vereinsrecht kennt hierfür den „besonderen Vertreter". Hiernach kann der Vorstand diesem Personenkreis nicht nur interne Entscheidungskompetenz übertragen, sondern nach satzungsgemäßer Legitimation können diese den Verein auch nach außen vertreten und für ihn rechtsverbindlich Geschäfte abschließen. Voraussetzung ist, das in der Satzung entweder festgelegt ist, dass besondere Vertreter von der Mitgliederversammlung gewählt werden können, oder dass der Vorstand besondere Vertreter ernennen und abberufen kann.

Der besondere Vertreter hat die Stellung eines Vorstandes nach § 26 BGB und ist damit ein vertretungsberechtigtes Organ des Vereins, die Vertretungsmacht erstreckt sich jedoch nur auf die Rechtsgeschäfte, die der zugewiesene Aufgabenbereich gewöhnlich mit sich bringt. Da solche Geschäfte den Verein natürlich binden, sollte die Vertretungsmacht beschränkt werden, etwa durch eine schriftlich erteilte Vollmacht oder, dann mit verbindlicher Außenwirkung, durch Darlegung der Beschränkung in der Satzung.

26.1.11 § 31 [Vereinshaftung]

Der Verein ist für den Schaden verantwortlich, den der Vorstand, ein Mitglied des Vorstandes oder ein anderer verfassungsmäßig berufener Vertreter durch eine in Ausführung der ihm zustehenden Verrichtungen begangene, zum Schadensersatze verpflichtende Handlung einem Dritten zufügt.

26.1.12 Kommentar

Tritt überall dort ein, wo auch eine natürliche Person schadensersatzpflichtig wäre. die Haftung kann u.a. entstehen durch unerlaubte Handlung, mangelnde Verkehrsicherungspflicht, unterlassenen Aufsichtspflicht. Der Verein haftet auch bei vorliegen der sog. Anscheinsvollmacht oder Duldungsvollmacht.

26.1.13 § 32 [Mitgliederversammlung]

(1)Die Angelegenheiten des Vereins werden, soweit sie nicht von dem Vorstand oder einem anderen Vereinsorgane zu besorgen sind, durch Beschlussfassung in einer Versammlung der Mitglieder geordnet. Zur Gültigkeit des Beschlusses ist erforderlich, dass der Gegenstand bei der Berufung bezeichnet wird. Bei der Beschlussfassung entscheidet die Mehrheit der erschienenen Mitglieder.

(2) Auch ohne Versammlung der Mitglieder ist ein Beschluss gültig, wenn alle Mitglieder ihre Zustimmung zu dem Beschlusse schriftlich erklären

26.1.14 Kommentar

Die Mitgliederversammlung ist das höchste Organ des Vereins. Bis auf die Vertretung des Vereins, die auf jeden Fall dem Vorstand vorbehalten bleibt, kann sie alle Kompetenzen durch Satzung bzw. Beschluss an sich ziehen. Sie beaufsichtigt die anderen Organe des Vereins (wenn die Satzung nichts anderes bestimmt). Der Beschluss ist ein Rechtsgeschäft. Eine Anfechtung wegen Irrtums ist nur möglich, wenn die Stimmabgabe das Ergebnis beeinflusste. Sittenwidrige Beschlüsse sind nichtig. Stimmenthaltungen werden bei der Stimmauszählung nicht gewertet. (Auch nicht bei Berechnung von qualifizierten [2/3, 3/4] Mehrheiten). Für Bestimmungen über Voraussetzung und Form der Mitgliederversammlung ist die Satzung zuständig. Die Tagesordnung muss so genau sein, dass die Mitglieder sich vorbereiten können. Auf ungültige Beschlüsse kann sich jeder berufen, doch sind sie nach gewisser Zeit, insbesondere wenn inzwischen eine weitere Versammlung oder Sitzung stattgefunden hat, als gültig anzusehen.

26.1.15 § 33 [Änderung der Satzung und des Vereinszwecks]

(1) Zu einem Beschlusse, der eine Änderung der Satzung enthält, ist eine Mehrheit von drei Vierteilen der erschienenen Mitglieder erforderlich. Zur Änderung des Zweckes des Vereins ist die Zustimmung aller Mitglieder erforderlich; die Zustimmung der nicht erschienenen Mitglieder muss schriftlich erfolgen.

(2) Beruht die Rechtsfähigkeit des Vereins auf Verleihung, so ist zu jeder Änderung der Satzung staatliche Genehmigung oder, falls die Verleihung durch den Bundesrat erfolgt ist, die Genehmigung des Bundesrats erforderlich.

26.1.16 Kommentar

Die Satzung kann diese Bestimmung ändern, das heißt mildern (z.B. einfache Mehrheit) oder verstärken (z.B. einstimmige Beschlussfassung erforderlich). Satzungsänderung ist jede Veränderung des Wortlauts einer Satzung. Bei einer Satzungsänderung müssen die Formvorschriften eingehalten werden. Die Mitglieder müssen aus der Einladung ersehen können, worum es bei der Satzungsänderung geht, der Tagesordnungspunkt "Satzungsänderung" genügt diesen Ansprüchen nicht.

26.1.17 § 34 [Stimmrechtsausschluss]

Ein Mitglied ist nicht stimmberechtigt, wenn die Beschlussfassung die Vornahme eines Rechtsgeschäfts mit ihm oder die Einleitung oder Erledigung eines Rechtsstreits zwischen ihm und dem Vereine betrifft.

26.1.18 Kommentar

Die Teilnahme des betroffenen Mitglieds an der Versammlung oder Sitzung ist möglich, stimmt das betroffene Mitglied mit ab, ist der Beschluss nur ungültig, wenn die Stimmabgabe entscheidend war.

26.1.19 § 664 [Übertragung der Auftragsausführung auf Dritte; Haftung für Gehilfen]

(1)Der Beauftragte darf im Zweifel die Ausführung des Auftrags nicht einem Dritten übertragen. Ist die Übertragung gestattet, so hat er nur ein ihm bei der Übertragung zur Last fallendes Verschulden zu vertreten. Für das Verschulden eines Gehilfen ist er nach § 278 verantwortlich.

(2) Der Anspruch auf Ausführung des Auftrags ist im Zweifel nicht übertragbar.

26.1.20 Kommentar

Der Vereinsvorstand muss sein Amt persönlich ausüben. Ein Verstoß bedeutet eigenes Verschulden mit entsprechender persönlicher Haftung. Nur zur Unterstützung kann er einen Gehilfen heranziehen. Eine satzungsmäßig gedeckte Vertretungsregelung bleibt hiervon unberührt.

26.1.21 § 278 [Haftung für Verschulden anderer (Erfüllungsgehilfen)]

Der Schuldner hat ein Verschulden seines gesetzlichen Vertreters und der Personen, deren er sich zur Erfüllung seiner Verbindlichkeiten bedient, in gleichem Umfange zu vertreten wie eigenes Verschulden. Die Vorschrift des § 276 Abs. 2 findet keine Anwendung.

26.1.22 § 278 II

Die Haftung wegen Vorsatzes kann dem Schuldner nicht im Voraus erlassen werden.

26.1.23 § 665 [Pflichten bei erlaubter Abweichung von Weisungen]

Der Beauftragte ist berechtigt, von den Weisungen des Auftraggebers abzuweichen, wenn er den Umständen nach annehmen darf, dass der Auftraggeber bei Kenntnis der Sachlage die Abweichung billigen würde. Der Beauftragte hat vor der Abweichung dem Auftraggeber Anzeige zu machen und dessen Entschließung abzuwarten, wenn nicht mit dem Aufschube Gefahr verbunden ist.

26.1.24 § 666 [Pflicht zur Auskunft und Rechenschaftslegung]

Der Beauftragte ist verpflichtet, dem Auftraggeber die erforderlichen Nachrichten zu geben, auf Verlangen über den Stand des Geschäfts Auskunft zu erteilen und nach der Ausführung des Auftrags Rechenschaft abzulegen

26.1.25 Kommentar

nach § 259 hat jeder die grundsätzliche Pflicht zur Rechenschaftslegung, der fremde Angelegenheiten besorgt, also auch der Vereinsvorstand. Darüber hinaus hat er von sich aus Nachricht zu geben, wenn sich Besonderheiten negativer Art ergeben haben (z.B. verlorener Prozess). Auf Befragen ist. in der Mitgliederversammlung Auskunft zu geben über den Geschäftsstand einer Angelegenheit und die Rechnungslegung. Gegenstand der Auskunftsbegehren über den Rechenschaftsbericht hinaus sind die Verhältnisse des Vereins und die Tätigkeiten der Vereinsorgane. Ein Recht zur Auskunftsverweigerung kann gegeben sein, wenn

a) die Erteilung einer Auskunft strafbar wäre oder eine gesetzliche, satzungsmäßige, vertragliche oder die Persönlichkeitsrechte betreffende Geheimhaltungspflicht verletzen würde

b) die Auskunft dem Verein einen nicht unerheblichen wirtschaftlichen Nachteil bringen würde.

Die Entscheidung zu a) und b) trifft allein der Auskunfterteilende. Er ist an einen anders lautenden Beschluss z.B. der Mitgliederversammlung nicht gebunden.

27 Abgabenordnung (Auszüge)

27.1.1 § 14 Wirtschaftlicher Geschäftsbetrieb

Ein wirtschaftlicher Geschäftsbetrieb ist eine selbständige nachhaltige Tätigkeit, durch die Einnahmen oder andere wirtschaftliche Vorteile erzielt werden und die über den Rahmen einer Vermögensverwaltung hinausgeht. Die Absicht, Gewinn zu erzielen, ist nicht erforderlich. Eine Vermögensverwaltung liegt in der Regel vor, wenn Vermögen genutzt, zum Beispiel Kapitalvermögen verzinslich angelegt oder unbewegliches Vermögen vermietet oder verpachtet wird.

27.1.2 § 51 Allgemeines

Gewährt das Gesetz eine Steuervergünstigung, weil eine Körperschaft ausschließlich und unmittelbar gemeinnützige, mildtätige oder kirchliche Zwecke (steuerbegünstigte Zwecke) verfolgt, so gelten die folgenden Vorschriften. Unter Körperschaften sind die Körperschaften, Personenvereinigungen und Vermögensmassen im Sinne des Körperschaftsteuergesetzes zu verstehen. Funktionale Untergliederungen (Abteilungen) von Körperschaften gelten nicht als selbständige Steuersubjekte.

27.1.3 § 52 Gemeinnützige Zwecke

(1) Eine Körperschaft verfolgt gemeinnützige Zwecke, wenn ihre Tätigkeit darauf gerichtet ist, die Allgemeinheit auf materiellem, geistigem oder sittlichem Gebiet selbstlos zu fördern. Eine Förderung der Allgemeinheit ist nicht gegeben, wenn der Kreis der Personen, dem die Förderung zugute kommt, fest abgeschlossen ist, zum Beispiel Zugehörigkeit zu einer Familie oder zur Belegschaft eines

Unternehmens, oder infolge seiner Abgrenzung, insbesondere nach räumlichen oder beruflichen Merkmalen, dauernd nur klein sein kann. Eine Förderung der Allgemeinheit liegt nicht allein deswegen vor, weil eine Körperschaft ihre Mittel einer Körperschaft des öffentlichen Rechts zuführt.

(2) Unter den Voraussetzungen des Absatzes 1 sind als Förderung der Allgemeinheit anzuerkennen insbesondere:

1. die Förderung von Wissenschaft und Forschung, Bildung und Erziehung, Kunst und Kultur, der Religion, der Völkerverständigung, der Entwicklungshilfe, des Umwelt-, Landschafts- und Denkmalschutzes, des Heimatgedankens.

2. die Förderung der Jugendhilfe, der Altenhilfe, des öffentlichen Gesundheitswesens, des Wohlfahrtswesens und des Sportes. Schach gilt als Sport.

3. die allgemeine Förderung des demokratischen Staatswesens im Geltungsbereich dieses Gesetzes; hierzu gehören nicht Bestrebungen, die nur bestimmte Einzelinteressen staatsbürgerlicher Art verfolgen oder die auf den kommunalpolitischen Bereich beschränkt sind,

4. die Förderung der Tierzucht, der Pflanzenzucht, der Kleingärtnerei, des traditionellen Brauchtums einschließlich des Karnevals, der Fastnacht und des Faschings, der Soldaten- und Reservistenbetreuung, des Amateurfunkens, des Modellflugs und des Hundesports.

27.1.4 § 53 Mildtätige Zwecke

Eine Körperschaft verfolgt mildtätige Zwecke, wenn ihre Tätigkeit darauf gerichtet ist, Personen selbstlos zu unterstützen,

1. die infolge ihres körperlichen, geistigen oder seelischen Zustandes auf die Hilfe anderer angewiesen sind oder

2. deren Bezüge nicht höher sind als das Vierfache des Regelsatzes der Sozialhilfe im Sinne des § 22 des Bundessozialhilfegesetzes;

beim Alleinstehenden oder Haushaltsvorstand tritt an die Stelle des Vierfachen das Fünffache des Regelsatzes. Dies gilt nicht für Personen, deren Vermögen zur nachhaltigen Verbesserung ihres Unterhalts ausreicht und denen zugemutet werden kann, es dafür zu verwenden. Bei Personen, deren wirtschaftliche Lage aus besonderen Gründen zu einer Notlage geworden ist, dürfen die Bezüge oder das Vermögen die genannten Grenzen übersteigen. Bezüge im Sinne dieser Vorschrift sind

a) Einkünfte im Sinne des § 2 Abs. 1 des Einkommensteuergesetzes und

b) andere zur Bestreitung des Unterhalts bestimmte oder geeignete Bezüge, die der Alleinstehende oder der Haushaltsvorstand und die sonstigen Haushaltsangehörigen haben. Zu den Bezügen zählen nicht Leistungen der Sozialhilfe und bis zur Höhe der Leistungen der Sozialhilfe Unterhaltsleistungen an Personen, die ohne die Unterhaltsleistungen sozialhilfeberechtigt wären. Unterhaltsansprüche sind zu berücksichtigen.

27.1.5 § 54 Kirchliche Zwecke

(1) Eine Körperschaft verfolgt kirchliche Zwecke, wenn ihre Tätigkeit darauf gerichtet ist, eine Religionsgemeinschaft, die Körperschaft des öffentlichen Rechts ist, selbstlos zu fördern.

(2) Zu diesen Zwecken gehören insbesondere die Errichtung, Ausschmückung und Unterhaltung von Gotteshäusern und kirchlichen Gemeindehäusern, die Abhaltung von Gottesdiensten, die Ausbildung von Geistlichen, die Erteilung von Religionsunterricht, die Beerdigung und die Pflege des Andenkens der Toten, ferner die Verwaltung des Kirchenvermögens, die Besoldung der Geistlichen, Kirchenbeamten und Kirchendiener, die Alters- und Behindertenversorgung für diese Personen und die Versorgung ihrer Witwen und Waisen.

27.1.6 § 55 Selbstlosigkeit

(1) Eine Förderung oder Unterstützung geschieht selbstlos, wenn dadurch nicht in erster Linie eigenwirtschaftliche Zwecke - zum Beispiel gewerbliche Zwecke oder sonstige Erwerbszwecke - verfolgt werden und wenn die folgenden Voraussetzungen gegeben sind:

1. Mittel der Körperschaft dürfen nur für die satzungsmäßigen Zwecke verwendet werden. Die Mitglieder oder Gesellschafter (Mitglieder im Sinne dieser Vorschriften) dürfen keine Gewinnanteile und in ihrer Eigenschaft als Mitglieder auch keine sonstigen Zuwendungen aus Mitteln der Körperschaft erhalten. Die Körperschaft darf ihre Mittel weder für die unmittelbare noch für die mittelbare Unterstützung oder Förderung politischer Parteien verwenden.

2. Die Mitglieder dürfen bei ihrem Ausscheiden oder bei Auflösung oder Aufhebung der Körperschaft nicht mehr als ihre eingezahlten Kapitalanteile und den gemeinen Wert ihrer geleisteten Sacheinlagen zurückerhalten.

3. Die Körperschaft darf keine Person durch Ausgaben, die dem Zweck der Körperschaft fremd sind, oder durch unverhältnismäßig hohe Vergütungen begünstigen.

4. Bei Auflösung und Aufhebung der Körperschaft oder bei Wegfall ihres bisherigen Zwecks darf das Vermögen der Körperschaft, soweit es die eingezahlten Kapitalanteile der Mitglieder und den gemeinen Wert der von den Mitgliedern geleisteten Sacheinlagen übersteigt, nur für steuerbegünstigte Zwecke verwendet werden (Grundsatz der Vermögensbindung). Diese Voraussetzung ist auch erfüllt, wenn das Vermögen einer anderen steuerbegünstigten Körperschaft oder einer Körperschaft des öffentlichen Rechts für steuerbegünstigte Zwecke übertragen werden soll.

(2) Bei der Ermittlung des gemeinen Werts (Abs. 1 Nr. 2 und 4) kommt es auf die Verhältnisse zu dem Zeitpunkt an, in dem die Sacheinlagen geleistet worden sind.

(3) Die Vorschriften, die die Mitglieder der Körperschaft betreffen (Absatz 1, Nr. 1, 2 und

4), gelten bei Stiftungen für die Stifter und ihre Erben, bei Betrieben gewerblicher Art von Körperschaften des öffentlichen Rechts für die Körperschaft sinngemäß, jedoch mit der Maßgabe, dass bei Wirtschaftsgütern, die nach § 6 Abs. 1 Ziff. 4 Sätze 2 und 3 des Einkommensteuergesetzes aus einem Betriebsvermögen zum Buchwert entnommen worden sind, an die Stelle des gemeinen Werts der Buchwert der Entnahme tritt.

27.1.7 § 56 Ausschließlichkeit

Ausschließlichkeit liegt vor, wenn eine Körperschaft nur ihre steuerbegünstigten satzungsmäßigen Zwecke verfolgt.

27.1.8 § 57 Unmittelbarkeit

(1) Eine Körperschaft verfolgt unmittelbar ihre steuerbegünstigten satzungsmäßigen Zwecke, wenn sie selbst diese Zwecke verwirklicht. Das kann auch durch Hilfspersonen geschehen, wenn nach den Umständen des Falles, insbesondere nach den rechtlichen und tatsächlichen Beziehungen, die zwischen der Körperschaft und der Hilfsperson bestehen, das Wirken der Hilfsperson wie eigenes Wirken der Körperschaft anzusehen ist.

(2) Eine Körperschaft, in der steuerbegünstigte Körperschaften zusammengefasst sind, wird einer Körperschaft, die unmittelbar steuerbegünstigte Zwecke verfolgt, gleichgestellt.

27.1.9 § 58 Steuerlich unschädliche Betätigungen

Die Steuervergünstigung wird nicht dadurch ausgeschlossen, dass

1. eine Körperschaft Mittel für die Verwirklichung der steuerbegünstigten Zwecke einer anderen Körperschaft oder für die Verwirkli-

chung steuerbegünstigter Zwecke durch eine Körperschaft des öffentlichen Rechts beschafft,

2. eine Körperschaft ihre Mittel teilweise einer anderen, ebenfalls steuerbegünstigten Körperschaft oder einer Körperschaft des öffentlichen Rechts zur Verwendung zu steuerbegünstigten Zwecken zuwendet,

3. eine Körperschaft ihre Arbeitskräfte anderen Personen, Unternehmen oder Einrichtungen für steuerbegünstigte Zwecke zur Verfügung stellt,

4. eine Körperschaft ihr gehörende Räume einer anderen steuerbegünstigten Körperschaft zur Benutzung für deren steuerbegünstigte Zwecke überlässt,

5. eine Stiftung einen Teil, jedoch höchstens ein Drittel ihres Einkommens dazu verwendet, um in angemessener Weise den Stifter und seine nächsten Angehörigen zu unterhalten, ihre Gräber zu pflegen und ihr Andenken zu ehren,

6. eine Körperschaft ihre Mittel ganz oder teilweise einer Rücklage zuführt, soweit dies erforderlich ist, um ihre steuerbegünstigten satzungsmäßigen Zwecke nachhaltig erfüllen zu können,

7. a) eine Körperschaft höchstes ein Viertel des Überschusses der Einnahmen über die Unkosten aus Vermögensverwaltung einer freien Rücklage zuführt,

b) eine Körperschaft Mittel zum Erwerb von Gesellschaftsrechten zur Erhaltung der prozentualen Beteiligung an Kapitalgesellschaften ansammelt oder im Jahr des Zuflusses verwendet; diese Beträge sind auf die nach Buchstabe a in demselben Jahr oder künftig zulässigen Rücklagen anzurechnen,

8. eine Körperschaft gesellige Zusammenkünfte veranstaltet, die im Vergleich zu ihrer steuerbegünstigten Tätigkeit von untergeordneter Bedeutung sind,

9. ein Sportverein neben dem unbezahlten auch den bezahlten Sport fördert.

10. eine von einer Gebietskörperschaft errichtete Stiftung zur Erfüllung ihrer steuerbegünstigten Zwecke Zuschüsse an Wirtschaftsunternehmen vergibt.

27.1.10 § 59 Voraussetzung der Steuervergünstigung

Die Steuervergünstigung wird gewährt, wenn sich aus der Satzung, dem Stiftungsgeschäft oder der sonstigen Verfassung (Satzung im Sinne dieser Vorschriften) ergibt, welchen Zweck die Körperschaft verfolgt, dass dieser Zweck den Anforderungen der §§ 52 bis 55 entspricht und dass er ausschließlich und unmittelbar verfolgt wird; die tatsächliche Geschäftsführung muss diesen Satzungsbestimmungen entsprechen.

27.1.11 § 60 Anforderungen an die Satzung

(1) Die Satzungszwecke und die Art ihrer Verwirklichung müssen so genau bestimmt sein, dass auf Grund der Satzung geprüft werden kann, ob die satzungsmäßigen Voraussetzungen für Steuervergünstigungen gegeben sind.

(2) Die Satzung muss den vorgeschriebenen Erfordernissen bei der Körperschaftsteuer und bei der Gewerbesteuer während des ganzen Veranlagungs- oder Bemessungszeitraums, bei den anderen Steuern im Zeitpunkt der Entstehung der Steuer entsprechen.

§ 61 Satzungsmäßige Vermögensbindung

(1) Eine steuerlich ausreichende Vermögensbindung (§ 55 Abs. 1 Nr. 4) liegt vor, wenn der Zweck, für den das Vermögen bei Auflösung oder Aufhebung der Körperschaft oder bei Wegfall ihres bisherigen Zweckes verwendet werden soll, in der Satzung so genau bestimmt ist, dass auf Grund der Satzung geprüft werden kann, ob der Verwendungszweck steuerbegünstigt ist.

(2) Kann aus zwingenden Gründen der künftige Verwendungszweck des Vermögens bei der Aufstellung der Satzung nach Absatz 1 noch nicht genau angegeben werden, so genügt es, wenn in der Satzung bestimmt wird, dass das Vermögen bei Auflösung oder Aufhebung der Körperschaft oder bei Wegfall ihres bisherigen Zweckes zu steuerbegünstigten Zwecken zu verwenden ist und dass der künftige Beschluss der Körperschaft über die Verwendung erst nach Einwilligung des Finanzamts ausgeführt werden darf. Das Finanzamt hat die Einwilligung zu erteilen, wenn der beschlossene Verwendungszweck steuerbegünstigt ist.

(3) Wird die Bestimmung über die Vermögensbindung nachträglich so geändert, dass sie den Anforderungen des § 55 Abs. 1 Nr. 4 nicht mehr entspricht, so gilt sie von Anfang an als steuerlich nicht ausreichend. § 175 Abs. 1 Satz 1 Nr. 2 ist mit der Maßgabe anzuwenden, dass Steuerbescheide erlassen, aufgehoben oder geändert werden können, soweit sie Steuern betreffen, die innerhalb der letzten zehn Kalenderjahre vor der Änderung der Bestimmung über die Vermögensbindung entstanden sind.

27.1.12 § 62 Ausnahmen von der satzungsmäßigen Vermögensbindung

Bei Betrieben gewerblicher Art von Körperschaften des öffentlichen Rechts, bei staatlich beaufsichtigten Stiftungen, bei den von einer Körperschaft des öffentlichen Rechts verwalteten unselbständigen Stiftungen und bei geistlichen Genossenschaften (Orden, Kongregationen) braucht die Vermögensbindung in der Satzung nicht festgelegt zu werden.

27.1.13 § 63 Anforderungen an die tatsächliche Geschäftsführung

(1) Die tatsächliche Geschäftsführung der Körperschaft muss auf die ausschließliche und unmittelbare Erfüllung der steuerbegünstigten Zwecke gerichtet sein und den Bestimmungen entsprechen, die die

Satzung über die Voraussetzungen für Steuervergünstigungen enthält.

(2) Für die tatsächliche Geschäftsführung gilt sinngemäß § 60 Abs. 2, für eine Verletzung der Vorschrift über die Vermögensbindung § 61 Abs. 3.

(3) Die Körperschaft hat den Nachweis, dass ihre tatsächliche Geschäftsführung den Erfordernissen des Absatzes 1 entspricht, durch ordnungsmäßige Aufzeichnungen über ihre Einnahmen und Ausgaben zu führen.

(4) Hat die Körperschaft Mittel angesammelt, ohne dass die Voraussetzungen des § 58 Nr. 6 und 7 vorliegen, kann das Finanzamt ihr eine Frist für die Verwendung der Mittel setzen. Die tatsächliche Geschäftsführung gilt als ordnungsgemäß im Sinne des Absatzes 1, wenn die Körperschaft die Mittel innerhalb der Frist für steuerbegünstigte Zwecke verwendet.

27.1.14 § 64 Steuerpflichtige wirtschaftliche Geschäftsbetriebe

(1) Schließt das Gesetz die Steuervergünstigung insoweit aus, als ein wirtschaftlicher Geschäftsbetrieb (§ 14) unterhalten wird, so verliert die Körperschaft die Steuervergünstigung für die dem Geschäftsbetrieb zuzuordnenden Besteuerungsgrundlagen (Einkünfte, Umsätze, Vermögen), soweit der wirtschaftliche Geschäftsbetrieb kein Zweckbetrieb (§§ 65 bis 68) ist.

(2) Unterhält die Körperschaft mehrere wirtschaftliche Geschäftsbetriebe, die keine Zweckbetriebe (§§ 65 bis 68) sind, werden diese als ein wirtschaftlicher Geschäftsbetrieb behandelt.

(3) Übersteigen die Einnahmen einschließlich Umsatzsteuer aus wirtschaftlichen Geschäftsbetrieben, die keine Zweckbetriebe sind, insgesamt nicht 60.000 Deutsche Mark im Jahr, so unterliegen die diesen Geschäftsbetrieben zuzuordnenden Besteuerungsgrundlagen nicht der Körperschaftsteuer und der Gewerbesteuer.

(4) Die Aufteilung einer Körperschaft in mehrere selbständige Körperschaften zum Zweck der mehrfachen Inanspruchnahme der Steuervergünstigung nach Absatz 3 gilt als Missbrauch von rechtlichen Gestaltungsmöglichkeiten im Sinne des § 42.

(5) Überschüsse aus der Verwertung unentgeltlich erworbenen Altmaterials außerhalb einer ständig dafür vorgehaltenen Verkaufsstelle, die der Körperschaftsteuer und der Gewerbesteuer unterliegen, können in Höhe des branchenüblichen Reingewinns geschätzt werden.

27.1.15 § 65 Zweckbetrieb

Ein Zweckbetrieb ist gegeben, wenn

1. der wirtschaftliche Geschäftsbetrieb in seiner Gesamtrichtung dazu dient, die steuerbegünstigten satzungsmäßigen Zwecke der Körperschaft zu verwirklichen,

2. die Zwecke nur durch einen solchen Geschäftsbetrieb erreicht werden können und

3. der wirtschaftliche Geschäftsbetrieb zu nicht begünstigten Betrieben derselben oder ähnlicher Art nicht in größerem Umfang in Wettbewerb tritt, als es bei Erfüllung der steuerbegünstigten Zwecke unvermeidbar ist.

27.1.16 § 66 Wohlfahrtspflege

(1) Eine Einrichtung der Wohlfahrtspflege ist ein Zweckbetrieb, wenn sie in besonderem Maße den in § 53 genannten Personen dient.

(2) Wohlfahrtspflege ist die planmäßige, zum Wohle der Allgemeinheit und nicht des Erwerbes wegen ausgeübte Sorge für notleidende oder gefährdete Mitmenschen. Die Sorge kann sich auf das gesundheitliche, sittliche, erzieherische oder wirtschaftliche Wohl erstrecken und Vorbeugung oder Abhilfe bezwecken.

(3) Eine Einrichtung der Wohlfahrtspflege dient in besonderem Maße den in § 53 genannten Personen, wenn diesen mindestens zwei Drittel ihrer Leistungen zugute kommen. Für Krankenhäuser gilt § 67.

27.1.17 § 67 Krankenhäuser

(1) Ein Krankenhaus, das in den Anwendungsbereich der Bundespflegesatzverordnung fällt, ist ein Zweckbetrieb, wenn mindestens 40 v.H. der jährlichen Pflegetage auf Patienten entfallen, bei denen nur Entgelte für allgemeine Krankenhausleistungen (§§ 11,13 und 26 der Bundespflegesatzverordnung) berechnet werden.

(2) Ein Krankenhaus, das nicht in den Anwendungsbereich der Bundespflegesatzverordnung fällt, ist ein Zweckbetrieb, wenn mindestens 40 v.H. der jährlichen Pflegetage auf Patienten entfallen bei denen für die Krankenhausleistungen kein höheres Entgelt als nach Absatz 1 berechnet wird.

27.1.18 § 67 a Sportliche Veranstaltungen

(1) Sportliche Veranstaltungen eines Sportvereins sind ein Zweckbetrieb, wenn die Einnahmen einschließlich Umsatzsteuer insgesamt 60.000 DM im Jahr nicht übersteigen. Der Verkauf von Speisen und Getränken sowie die Werbung gehören nicht zu den sportlichen Veranstaltungen.

(2) Der Sportverein kann dem Finanzamt bis zur Unanfechtbarkeit des Körperschaftsteuerbescheids erklären, dass er auf die Anwendung des Absatzes 1 Satz 1 verzichtet. Die Erklärung bindet den Sportverein für mindestens fünf Veranlagungszeiträume.

(3) Wird auf die Anwendung des Absatzes 1 Satz 1 verzichtet, sind sportliche Veranstaltungen eines Sportvereins ein Zweckbetrieb, wenn

1. kein Sportler des Vereins teilnimmt, der für seine sportliche Betätigung oder für die Benutzung seiner Person, seines Namens, seines Bildes oder seiner sportlichen Betätigung zu Werbezwecken von dem Verein oder einem Dritten über eine Aufwandsentschädigung hinaus Vergütungen oder andere Vorteile erhält und

2. kein anderer Sportler teilnimmt, der für die Teilnahme an der Veranstaltung von dem Verein oder einem Dritten im Zusammenwirken mit dem Verein über eine Aufwandsentschädigung hinaus Vergütungen oder andere Vorteile erhält.

Andere sportliche Veranstaltungen sind ein steuerpflichtiger wirtschaftlicher Geschäftsbetrieb. Dieser schließt die Steuervergünstigung nicht aus, wenn die Vergütungen oder andere Vorteile ausschließlich aus wirtschaftlichen Geschäftsbetrieben, die nicht Zweckbetriebe sind, oder von Dritten geleistet werden.

27.1.19 § 68 Einzelne Zweckbetriebe

Zweckbetriebe sind auch:

1. a) Alten-, Altenwohn- und Pflegeheime, Erholungsheime, Mahlzeitendienste, wenn sie in besonderem Maße den in § 53 genannten Personen dienen (§ 66 Abs. 3),

b) Kindergärten, Kinder-, Jugend- und Studentenheime, Schullandheime und Jugendherbergen,

2.a) landwirtschaftliche Betriebe und Gärtnereien, die der Selbstversorgung von Körperschaften dienen und dadurch die sachgemäße Ernährung und ausreichende Versorgung von Anstaltsangehörigen sichern,

b) andere Einrichtungen, die für die Selbstversorgung von Körperschaften erforderlich sind, wie Tischlereien, Schlossereien, wenn die Lieferungen und sonstigen Leistungen dieser Einrichtungen an Außenstehende dem Wert nach 20 v.H. der gesamten Lieferungen und sonstigen Leistungen des Betriebes - einschließlich der an die Körperschaften selbst bewirkten - nicht übersteigen,

3. Werkstätten für Behinderte, die nach den Vorschriften des Arbeitsförderungsgesetzes förderungsfähig sind und Personen Arbeitsplätze bieten, die wegen ihrer Behinderung nicht auf dem allgemeinen Arbeitsmarkt tätig sein können, sowie Einrichtungen für Beschäftigung- und Arbeitstherapie, die der Eingliederung von Behinderten dienen.

4. Einrichtungen, die zur Durchführung der Blindenfürsorge und zur Durchführung der Fürsorge für Körperbehinderte unterhalten werden,

5. Einrichtungen der Fürsorgeerziehung und der freiwilligen Erziehungshilfe,

6. von den zuständigen Behörden genehmigte Lotterien und Ausspielungen, die eine steuerbegünstigte Körperschaft höchstens zweimal im Jahr zu ausschließlich gemeinnützigen, mildtätigen oder kirchlichen Zwecken veranstaltet,

7. kulturelle Einrichtungen, wie Museen, Theater, und kulturelle Veranstaltungen, wie Konzerte, Kunstausstellungen; dazu gehört nicht der Verkauf von Speisen und Getränken,

8. Volkshochschulen und andere Einrichtungen, soweit sie selbst Vorträge, Kurse und andere Veranstaltungen wissenschaftlicher oder belehrender Art durchführen; dies gilt auch, soweit die Einrichtungen den Teilnehmern dieser Veranstaltungen selbst Beherbergung und Beköstigung gewähren.

9. Wissenschafts- und Forschungseinrichtungen, deren Träger sich überwiegend aus Zuwendungen der öffentlichen Hand oder Dritter oder aus der Vermögensverwaltung finanziert. Der Wissenschaft und Forschung dient auch die Auftragsforschung. Nicht zum Zweckbetrieb gehören Tätigkeiten, die sich auf die Anwendung gesicherter wissenschaftlicher Erkenntnisse beschränken, die Übernahme von Projektträgerschaften sowie wirtschaftliche Tätigkeiten ohne Forschungsbezug.

28 Literaturhinweise:

Lehmann, Der ehrenamtliche Vereinsvorstand
ISBN3-9808778-1-7
Lehmann, Die Mitgliederversammlung im Verein
ISBN 3-9808778-4-1
Lehmann, Meine Rechte als Vereinsmitglied
ISBN 3-9808778-3-3
erschienen bei der
Praxis-Gesellschaft für Weiterbildung im
Vereins- und Kommunalrecht, Fritzlar
Sauter/Schweyer/Waldner, Der eingetragen Verein
ISBN 3-406-48076-4
Verlag C.H.Beck
Reichert, Handbuch des Vereins- und Verbandsrechts
ISBN 3-472-04402-0
Luchterhand Verlag
Lehmann, Die Kassenprüfung im Verein
31013800
erschienen im Sparkassenverlag Stuttgart

Alle Bücher erhältlich unter

http://www.vereinsbuchladen.de